実務に役立つ 英文経理入門

Introduction to practical accounting in English

永峰 潤 監修
永峰・三島会計事務所 編

Good Job!

税務経理協会

はじめに

本書で学ぶこと

　キャリアアップ，キャリアチェンジ等でこれから英文経理実務に関わる方を対象に，簿記3級程度の知識があることを前提として，外資系経理の現場で行われている経理を分かりやすく解説していきます。

　机上の簿記の学習と英文経理の実務の間には大きなギャップが存在します。例えば，英文経理といっても中小規模の外資系企業では日本の税法に従って会計処理することも多く行われているため，初歩的な日本の税法の理解は避けて通れません。本書では，そのような簿記知識と英文経理の間にあるギャップを一つ一つ丁寧に埋めていき，読者の皆様が英文経理実務にスムーズに入ることを目標とします。

本書の中での英文経理

　英文経理と一口に言っても，それぞれの企業の規模や状況により様々なかたちがあります。本書においては，中小規模の外資系企業で比較的多く用いられる，最も基本的な下記の英文経理を学習します。

　英文経理 ⇒ 基本的に日本の会計・税務基準に沿って，勘定科目・様式を英語に訳して処理するものと考え，必要に応じて，親会社で用いられる基準に修正する。

　英文経理の現場に飛び込むに当たって，最低限必要な知識を分かりやすく解説することに努めました。本書を読んだからといって即戦力となることができるわけではありませんが，実務の世界に一歩近づくことは，間違いありません。豊富に例題を用意しましたので，一つ一つ丁寧に確認して，確固たる基礎を築いて下さい。

2010年3月　　　　　　　　　　　　　　　　　　　　　　　執筆者一同

はじめに

第1章 英文経理の主要勘定科目
  1 貸借対照表（Balance Sheet）とは？ ……………… 2
  2 英文勘定科目（B／S項目） ………………………… 7
  3 損益計算書（Profit＆Loss Statement）とは？ …… 11
  4 英文勘定科目（P／L項目） ………………………… 13

第2章 発生主義会計の仕組みと仕訳
  1 発生主義会計（Accrual Accounting） …………… 22
  2 費用の見越し（Expense Accrual） ……………… 23
  3 費用の繰延べ（Expense Deferral） ……………… 26
  4 収益の見越し（Revenue Accrual） ……………… 27
  5 収益の繰延べ（Revenue Deferral） ……………… 29
  6 関係会社間取引（Intercompany Transactions） ……… 31

第3章 減価償却
  1 減価償却の概要 ……………………………………… 46
  2 減価償却費の算出と仕訳 …………………………… 47

3　減価償却に関する税制度 …………………………………51

　　4　資本的支出（Capital improvement）と修繕費（Repair and maintenance）……………………………………………54

第4章　消費税（Consumption Tax）

　　1　消費税の仕組み ……………………………………………60

　　2　小規模事業者に係る納税義務の免除 ……………………62

　　3　税込経理（Consumption Tax Inclusive）と税抜経理（Consumption Tax Exclusive）……………………………63

　　4　国内取引の課税対象 ………………………………………65

　　5　国内取引の非課税 …………………………………………66

　　6　国内取引の輸出免税（Export Exemption）等 …………67

　　7　輸入取引の課税の対象 ……………………………………68

　　8　売上げに係る取引の記帳方法 ……………………………69

　　9　仕入税額控除 ………………………………………………70

　　10　消費税額の計算 ……………………………………………76

　　11　簡易課税制度の概要 ………………………………………77

　　12　会計帳簿と請求書等の保存 ………………………………77

　　13　消費税等の納付 ……………………………………………79

第5章　源泉所得税（Withholding Income Tax）

　　1　源泉徴収制度（Withholding Tax System）の仕組み ……88

　　2　源泉徴収の対象となる所得（Income Subject to Withholding Income Tax）………………………………………89

　　3　源泉税の仕訳 ………………………………………………91

目　　次

 4　源泉税額の計算 …………………………………………94
 5　納付書（Tax Payment Slip）の記入 ……………………106
 6　源泉税の納付期限（Due date）…………………………108
 7　法定調書（Withholding Tax Report）の概要 …………109

第6章　給与・社会保険料の仕組みと仕訳

 1　給与台帳（Payroll Register／Payroll Report）の見方……118
 2　社会保険料（Social Insurance）について ……………120
 3　給与・社会保険料の仕訳…………………………………122
 4　労働保険料のその他の仕訳………………………………126
 5　年末調整について…………………………………………128
 6　現物給与について…………………………………………130

第7章　交　際　費

 1　交際費（Entertainment）の概要 ………………………144
 2　税務上の交際費の範囲……………………………………145
 3　交際費（Entertainment）と会議費（Meeting）の区分 …146
 4　交際費と間違えやすい費用………………………………149

第8章　租税公課（Tax & Dues）

 1　租税公課（Tax & Dues）の概要 ………………………160
 2　税金の種類…………………………………………………160
 3　経費（損金）となる税金とならない税金………………161
 4　納付の時期…………………………………………………162
 5　租税公課の仕訳……………………………………………162

第1章 英文経理の主要勘定科目
CHAPTER 1

1 貸借対照表（Balance Sheet）とは？
2 英文勘定科目（B／S項目）
3 損益計算書（Profit & Loss Statement）とは？
4 英文勘定科目（P／L項目）

本章で学ぶこと

第1章では，英文経理で使用される勘定科目（Accounts）と試算表（Trial Balance）を中心に学習します。まずは，個々の勘定科目の英語名を一つ一つ丁寧に覚えて下さい。章末問題では，基本的な勘定科目を用いて仕訳（Journal Entry）ができるように演習をします。

1　貸借対照表（Balance Sheet）とは？

モデル財務諸表〔英文〕

ABC Company
Non-Consolidated Balance Sheets
March 31, 20X8 and 20X9

	Millions of Yen		Thousands of U.S. Dollars
	20X9	20X8	20X9
ASSETS			
CURRENT ASSETS :			
Cash	¥×××	¥×××	$×××
Time deposits	×××	×××	×××
Marketable securities	×××	×××	×××
Receivables :			
Notes-trade	×××	×××	×××
Accounts-trade	×××	×××	×××
Subsidiaries	×××	×××	×××
Others	×××	×××	×××
Allowance for doubtful accounts	(×××)	(×××)	(×××)
Inventories	×××	×××	×××
Prepaid expenses and others	×××	×××	×××
Total current assets	×××	×××	×××
PROPERTY, PLANT AND EQUIPMENT :			
Land	×××	×××	×××
Buildings	×××	×××	×××
Machinery and equipment	×××	×××	×××
Construction in progress	×××	×××	×××
Total	×××	×××	×××
Accumulated depreciation	(×××)	(×××)	(×××)
Net property, Plant and equipment	×××	×××	×××
INVESTMENTS AND OTHER ASSETS :			
Investment securities	×××	×××	×××
Investments in and advances to subsidiaries and affiliated companies	×××	×××	×××
Other assets	×××	×××	×××
Total investments and other assets	×××	×××	×××
TOTAL ASSETS	¥×××	¥×××	$×××

第1章 英文経理の主要勘定科目

Balance Sheet（通常B／Sと省略します）の構成は，以下のモデル財務諸表のようになっています。まずは，B／Sの考え方を確認します。

以下のモデル財務諸表を見ながら，P.6の点を確認して下さい。

モデル財務諸表〔日本語〕
ＡＢＣ株式会社
貸　借　対　照　表
20×8年3月31日及び20×9年3月31日

	百万円		千米ドル
	20×9	20×8	20×9
資　　産			
流　動　資　産：			
現　　　　金	¥×××	¥×××	$×××
定　期　預　金	×××	×××	×××
有　価　証　券	×××	×××	×××
受　取　債　権：			
受　取　手　形	×××	×××	×××
売　　掛　　金	×××	×××	×××
関　係　会　社	×××	×××	×××
そ　の　他	×××	×××	×××
貸　倒　引　当　金	(×××)	(×××)	(×××)
棚　卸　資　産	×××	×××	×××
前　払　費　用	×××	×××	×××
流　動　資　産　合　計	×××	×××	×××
有形固定資産：			
土　　　　　地	×××	×××	×××
建　　　　　物	×××	×××	×××
機　械　設　備	×××	×××	×××
建　設　仮　勘　定	×××	×××	×××
合　　　　計	×××	×××	×××
減価償却累計額	(×××)	(×××)	(×××)
固　定　資　産　合　計	×××	×××	×××
投資その他資産：			
投　資　有　価　証　券	×××	×××	×××
関　係　会　社　株　式	×××	×××	×××
そ　の　他　資　産	×××	×××	×××
投資その他資産合計	×××	×××	×××
資　産　合　計	¥×××	¥×××	$×××

ABC Company
Non-Consolidated Balance Sheets
March 31, 20X8 and 20X9

	Millions of Yen		Thousands of U.S. Dollars
	20X9	20X8	20X9
CURRENT LIABILITIES :			
Short-term bank loans	¥×× ×	¥×× ×	$×× ×
Current portion of long-term debt	×× ×	×× ×	×× ×
Payables :			
Trade notes	×× ×	×× ×	×× ×
Trade accounts	×× ×	×× ×	×× ×
Subsidiaries	×× ×	×× ×	×× ×
Others	×× ×	×× ×	×× ×
Income taxes payable	×× ×	×× ×	×× ×
Accrued expenses	×× ×	×× ×	×× ×
Other current liabilities	×× ×	×× ×	×× ×
Total current liabilities	×× ×	×× ×	×× ×
LONG-TERM LIABILITIES			
Bonds payable, 6%	×× ×	×× ×	×× ×
Liability for retirement benefits	×× ×	×× ×	×× ×
Others	×× ×	×× ×	×× ×
Total long-term liabilities	×× ×	×× ×	×× ×
CONTINGENT LIABILITIES			
SHAREHOLDERS' EQUITY :			
Common stock, authorized, 100,000 shares: issued and outstanding, 60,000 shares in 20X9 and 50,000 shares in 20X8	×× ×	×× ×	×× ×
Additional paid-in capital	×× ×	×× ×	×× ×
Retained earnings	×× ×	×× ×	×× ×
Total shareholders' equity	×× ×	×× ×	×× ×
TOTAL LIABILITIES AND STOCKHOLDERS EQUITY	¥×× ×	¥×× ×	$×× ×

ＡＢＣ株式会社
貸　借　対　照　表
20X8年3月31日及び20X9年3月31日

	百万円		千米ドル
	20X9	20X8	20X9
流動負債：			
短期借入金	¥×××	¥×××	$×××
長期借入金（1年以内返済予定）	×××	×××	×××
支払債務：			
支払手形	×××	×××	×××
買掛金	×××	×××	×××
関係会社	×××	×××	×××
その他	×××	×××	×××
未払法人税	×××	×××	×××
未払費用	×××	×××	×××
その他流動負債	×××	×××	×××
流動負債合計	×××	×××	×××
固定負債：			
社債（6％）	×××	×××	×××
退職給付引当金	×××	×××	×××
その他	×××	×××	×××
固定負債合計	×××	×××	×××
偶発債務			
純資産の部：			
資本金			
（10万株発行済株式数20X9年6万株， 20X8年5万株）	×××	×××	×××
資本剰余金	×××	×××	×××
利益剰余金	×××	×××	×××
純資産合計	×××	×××	×××
負債及び純資産合計	¥×××	¥×××	$×××

(1) 資産（Asset）とは
① 会社が所有している財産を表します。
② 資産は次の順序で表示します。
　a．流動資産（Current Assets）
　b．固定資産（Non－Current Assets）

(2) 負債（Liabilities）とは
① 過去に発生した取引に係る，将来の支払い義務および将来の資産の減少が予想されているものを表示しています。
② 負債は次の順序で表示します。
　a．流動負債（Current Liabilities）
　b．固定負債（Non－Current Liabilities）

(3) 純資産（Stockholders' Equity）とは
① 主に資本金（Common Stock），資本剰余金（Additional Paid－in Capital）剰余金（Retained Earnings）で構成されます。
　　（剰余金とは，会社の損益の積み重ねが表示されるものでプラスになることもあり，マイナスになることもあります）

2 英文勘定科目（B／S項目）

基本的な勘定科目の意味を確認し，英語名を覚えます。

本書では，英語名については一般的に使用されている名称を用いますが，使用する勘定科目や名称は会社によって様々です。会社が使用する勘定科目は通常「勘定科目一覧表（Chart of Accounts）」で管理されています。

(1) 流動資産（Current assets）の勘定科目

勘　定　科　目		説　　　明
Petty cash	小　口　現　金	通貨の状態で保有している現金
Saving account	普　通　現　金	いつでも払い戻しの出来る銀行預金
Account receivable(A/R)	売　　掛　　金	顧客から代金を回収する権利
Note receivable	受　取　手　形	顧客より受領している手形
Inventories	棚　卸　資　産	販売目的で所有している資産
Other current assets	その他流動資産	その他の流動資産

・　上記の他に，外資系によく見られる勘定科目に，Inter Company（I／C）勘定とよばれるものがあります。例えば，一般の取引先に対する売掛金はA／Rですが，海外の親会社や関係会社に対する売掛金は，I／C A／R（Intercompany Account Receivable）と表示して，一般の取引と分けて管理することが多いです。こうすることにより，関係会社同士の債権債務の残高管理が容易になります。Intercompany勘定については，「第2章　発生主義会計」にて詳しく学びます。

【例題1】

20X9年1月2日に，銀行口座から300,000円を引き出し，小口現金として保管

することにしました。

Date	Account Name	Debit	Credit
20X9/01/02	Petty cash	300,000	
	Saving account		300,000

> **ポイント**
>
> 英文会計では，借方をDebit (Dr.)，貸方をCredit (Cr.) といいます。本書では，仕訳の上段をDebit (Dr.)，下段をCredit (Cr.) として，仕訳を記載していきます。

(2) 非流動資産（Non-current assets，もしくはFixed assets）の勘定科目

勘定科目		説明
Property,plant,and equipment	有形固定資産	土　地 (Land) 建　物 (Building) 機　械 (Machinery) 車　両 (Vehicle) 備　品 (Equipment)
Intangible assets	無形固定資産	特許権 (Patents) 商標権 (Trademarks) ソフトウェア (Software)
Deferred assets	繰延資産	創立費 (Organization costs) 開業費 (Inicial expenses)
Investments	投資等	投資有価証券 (Investment securities)
Other Non-current assets	その他の固定資産	会社の営業活動のために使用されない不動産等を含みます

第1章　英文経理の主要勘定科目

【例題2】

20X9年1月5日に，備品（Equipment）として，12万円のテーブルを購入しました。代金は，購入日に銀行口座に振り込みました。銀行手数料は，発生しませんでした。

Date	Account Name	Debit	Credit
20X9/01/05	Equipment	120,000	
	Saving account		120,000

ポイント

購入したテーブルは会社の資産となるため，「備品（Equipment）」勘定を使って借方に計上します。一方，代金の支払いに伴い預金は減少しますので，「預金（Savings Account）」勘定を貸方に計上します。有形固定資産については，「第3章　減価償却」で詳しく学習します。

(3) 流動負債（Current liability）の勘定科目

流動資産と同様に，親会社からの借入れや未払いを表す科目として，I／C A／P（Intercompany Account Payable）と表示して，通常の負債と分けて管理することが多いです。

勘定科目		説明
Account payable(A/P)	買掛金	未払いである商品等の購入代金
Short-term loan payable	短期借入金	1年以内の借入金
Notes payable	支払手形	サプライヤー等に発行した約束手形
Other current liabilities	その他の流動負債	未払利息などが含まれます

9

【例題3】

　ＡＢＣ株式会社は，20X9年2月の経費支払いに充てるため，親会社に300万円の送金を依頼し，20X9年2月1日に当該資金の振込みが確認されました。Ｉ／Ｃ勘定を使って仕訳を切った場合，下記の通りとなります。

Date	Account Name	Debit	Credit
20X9/02/01	Saving account	3,000,000	
	I/C Payable		3,000,000

ポイント

　親会社からの送金は将来的に返済する必要がありますので，親会社に対する債務としてＩ／Ｃ勘定を貸方に計上します（資金を長期間借り入れる場合は，「借入金（Loan Payable）」勘定を使用し，「利息（Interest）」も計上しなければなりません）。設立されてまもない外資系企業は資金が潤沢でないケースが多いので，毎月経費の予測をした上で，親会社に送金依頼（Fund request）をかけることが多いです。

3　損益計算書（Profit & Loss Statement）とは？

(1) 損益計算書（P／L）とは
①　P／Lは一定期間の経営活動の結果である収益（Income）と費用（Expense）の状況を示す財務諸表です。
②　1つのP／Lの期間を会計期間（Accounting period）とよびます。
③　外資系企業の多くは会計期間が暦年（Calendar Year）と同じく1月〜12月です。
④　純利益（Net income）は一定期間の経営活動からの純資産（Shareholder's Equity）の増加を示すものです。

(2) 損益計算書（P／L）の構成
　　P／Lの様式は，次の通りです。

ABC Company
Non-Consolidated Statements of Income
Years ended March 31, 20X8 and 20X9

	Millions of Yen		Thousands of U.S. Dollars
	20X9	20X8	20X9
NET SALES	¥×× ×	¥×× ×	$×× ×
COST OF GOODS SOLD	×× ×	×× ×	×× ×
Gross profit	×× ×	×× ×	×× ×
GENERAL AND ADMINISTRATIVE EXPENSES	×× ×	×× ×	×× ×
Operating income	×× ×	×× ×	×× ×
OTHER INCOME (EXPENSES):			
Interest and dividends	×× ×	×× ×	×× ×
Interest expense	(×× ×)	(×× ×)	(×× ×)
Other income expenses-net	×× ×	×× ×	×× ×
INCOME BEFORE INCOME TAXES	×× ×	×× ×	×× ×
INCOME TAXES	×× ×	×× ×	×× ×
NET INCOME	¥×× ×	¥×× ×	$×× ×
EARNINGS PER SHARE (EPS)	Yen		U.S. Dollars
Net income	¥×× .××	¥×× .××	$×× .××

　P／Lは収益から費用を引いた損益を，段階を追って示す形式が一般的です。第一段階は売上高（Sales）から売上原価（Cost of goods sold）（売上に直接関係する仕入代金や工場の人件費など）を差し引いた「売上総利益」（Gross profit）です。

　売上総利益から，販売費（Selling expense）や一般管理費（General administrative expense）を差し引くと，「営業利益／損失」（operating profit or loss）が求められます。これは，会社の本業としての営業活動に伴う損益ということになります。

　営業利益に，営業外収益（Non-operating income）と営業外費用（Non-operating expense, 本業ではないけれども毎年発生する収入や支出）を足し引きしたものが「経常利益／損失」（Ordinary profit or loss）です。

第1章 英文経理の主要勘定科目

ＡＢＣ株式会社
損　益　計　算　書
20X8年3月31日及び20X9年3月31日

	百万円		千米ドル
	20X9	20X8	20X9
売　上　高	¥×××	¥×××	$×××
売　上　原　価	×××	×××	×××
販　売　利　益	×××	×××	×××
販売費及び一般管理費	×××	×××	×××
営　業　利　益	×××	×××	×××
その他利益（費用）：			
受取利息・配当金	×××	×××	×××
支　払　利　息	(×××)	(×××)	(×××)
営業外損益合計	×××	×××	×××
税引前当期純利益	×××	×××	×××
法　人　税　等	×××	×××	×××
当　期　純　利　益	¥×××	¥×××	$×××
１株当たり利益（ＥＰＳ）	Yen		U.S. Dollars
当　期　純　利　益	¥××.××	¥××.××	$××.××

　これに，今期の特殊要因を足し引きしたものが，「税引き前当期利益／損失」（Profit or loss before tax）です。ここから法人税（Corporate income tax）や住民税（Corporate inhabitant tax）を差し引くと最終的な「当期純利益／損失」（Net income or loss）となります。

4　英文勘定科目（P／L項目）

　基本的な勘定科目の意味を確認し，英語名を覚えます。

項　　　　目	勘　定　科　目	
売　　　　上	Sales	売　　　　上
売　上　原　価	Cost of goods sold	売　上　原　価
販　管　費	Salaries expense	給　　　　料
	Advertising expense	広 告 宣 伝 費
	Legal benefit	法 定 福 利 費
	Rent	地 代 家 賃
	Travel expense	旅 費 交 通 費
	Utilities expense	水 道 光 熱 費
	Entertainment expense	接 待 交 際 費
	Insurance expense	保　険　料
	Depreciation expense	減 価 償 却 費
	Equipment expense	備　品　費
	Office supplies	消 耗 品 費
	Bank charges	銀 行 手 数 料
	Repair & Maintenance	修　繕　費
	Postage expense	郵　送　費
	Telephone	電　　話
	Legal fee	法 律 費 用
	Accounting fee	会 計 費 用
	Miscellaneous expense	雑　　費
営 業 外 損 益	Foreign exchange gain	為 替 差 益
	Other income	雑 収 入
	Foreign exchange loss	為 替 差 損
	Interest expense	支 払 利 息
	Other loss	雑 損 失

【例題4】

20X9年2月1日に，2月分のオフィスの賃料300,000円を銀行振り込みにより支払いました。振込手数料は300円で，振込人が負担しました。

Date	Account Name	Debit	Credit
20X9/02/01	Rent	300,000	
	Bank charges	300	
	Saving account		300,300

ポイント

オフィス賃料は「Rent」勘定，振込手数料は「Bank Charge」勘定を使って費用計上します。支払いによって預金は減少しますので，「Savings Account」勘定を貸方に計上します。

家賃は，前月に前払いすることも多いのですが，前払いの処理については，「第2章　発生主義会計」で詳しく学びます。

【演習問題】

下記の設問の仕訳を切って下さい。

1．小口現金の仕訳演習

(1) 20X9年1月5日に銀行口座から300,000円を引き出し，小口現金として保管しました。

Date	Account Name	Debit	Credit

(2) 20X9年1月8日に，オフィスの消耗品（文房具等）を計700円購入し，小口現金より支払いを行いました。

Date	Account Name	Debit	Credit

(3) 20x9年2月1日に，従業員の田中さんに，2月の出張時の交通費として，小口現金から5万円を仮払いしました。

Date	Account Name	Debit	Credit

(4) 20x9年2月3日に，郵便物を送付するために，80円の切手を購入し，小口現金から支払いを行いました。

Date	Account Name	Debit	Credit

(5) 20x9年2月5日に，水道料金3,500円について，小口現金から支払いを行いました。

Date	Account Name	Debit	Credit

2．仕訳演習

(1) 20x9年1月3日に，親会社から2,000,000円の借入を行い，銀行口座に入金がありました。親会社との取引については,Intercompany勘定を用いて，記帳を行っています。

第1章　英文経理の主要勘定科目

Date	Account Name	Debit	Credit

(2) 20X9年1月25日に，1月分の家賃250,000円を銀行口座から振り込みました。銀行手数料は300円で振込人が負担しました。

Date	Account Name	Debit	Credit

(3) 20X9年1月27日に，パソコンの修理を依頼して，作業費用として15,000円を振り込みました。

Date	Account Name	Debit	Credit

(4) 20X9年1月28日に，取引先に売上の400,000円についての請求書を発行しました。

Date	Account Name	Debit	Credit

(5) 上記の売上につき，2月28日に銀行口座に入金がありました。

Date	Account Name	Debit	Credit

【解答・解説】

1.(1)

Date	Account Name	Debit	Credit
20X9/01/05	Petty cash	300,000	
	Saving account		300,000

(2)

Date	Account Name	Debit	Credit
20X9/01/08	Office supplies	700	
	Petty cash		700

(3)

Date	Account Name	Debit	Credit
20X9/02/01	Suspense payment	50,000	
	Petty cash		50,000

> **補足**
>
> 　営業部の従業員には，月初にまとめて交通費等を「仮払金（Suspense Payment）」の形で支給し，月末に立替経費報告書（Expense report）の提出を受けて，精算することもあります。

(4)

Date	Account Name	Debit	Credit
20X9/02/03	Postage expense	80	
	Petty cash		80

第1章 英文経理の主要勘定科目

(5)

Date	Account Name	Debit	Credit
20X9/02/05	Utilities expense	3,500	
	Petty cash		3,500

2.(1)

Date	Account Name	Debit	Credit
20X9/01/03	Saving account	2,000,000	
	I/C payable		2,000,000

(2)

Date	Account Name	Debit	Credit
20X9/01/25	Rent	250,000	
	Bank charges	300	
	Saving account		250,300

(3)

Date	Account Name	Debit	Credit
20X9/01/27	Repair & Maintenance	15,000	
	Saving account		15,000

(4)

Date	Account Name	Debit	Credit
20X9/01/28	Account receivable	400,000	
	Sales		400,000

> **ポイント**
>
> 　請求書の発行の時点では，まだ現金の入金がないので，売掛金（Account receivable）で，処理します。Account Receivable については，「第2章　発生主義会計」で詳しく学びます。

(5)

Date	Account Name	Debit	Credit
20X9/02/25	Saving account	400,000	
	Account receivable		400,000

> **ポイント**
>
> 　売掛金（Account Receivable）は回収されたので，貸方に計上して消し込みを行います。

第 2 章 発生主義会計の仕組みと仕訳
CHAPTER 2

1 発生主義会計（Accrual Accounting）
2 費用の見越し（Expense Accrual）
3 費用の繰延べ（Expense Deferral）
4 収益の見越し（Revenue Accrual）
5 収益の繰延べ（Revenue Deferral）
6 関係会社間取引（Intercompany Transactions）

本章で学ぶこと

　第2章では，発生主義会計（Accrual Accounting）の基本を理解した上で，費用・収益の見越し（Accrual）・繰延べ（Deferral）の仕訳を学習します。追加論点として，外資系企業で良く見られる関係会社間取引（Intercompany Transactions）の記帳方法を学習します。

1 発生主義会計（Accrual Accounting）

　第1章では，現預金の動きを記帳する方法を学びました。現預金を受け取った時点・支払った時点で収益・費用を認識する会計基準のことを「現金主義会計（Cash－basis Accounting）」とよびます。

　しかし，実際の帳簿は「発生主義会計（Accrual－basis Accounting）」に基づいて作成する必要があります。発生主義会計では，現金の受取り・支払いに関係なく，取引の発生時点で費用・収益を計上します。つまり，現金の受取り・支払いのタイミングが実際の取引よりも遅行する場合は収益・費用を見越し計上（accrue）し，現金の受取り・支払いのタイミングが実際の取引に先行する場合は収益・費用の計上を繰延べ（defer）ます。

　例えば，ＡＢＣ株式会社が4月分の家賃（Rent）を5月に現金で支払った場合，5月に費用を計上したのでは，ＡＢＣ株式会社の経営状態を正しく反映しているといえるでしょうか。4月分の家賃は4月に既に発生しているわけですから，4月の費用として計上するべきです。発生主義会計を採用することにより，企業は適正な期間損益の計算が可能となります。

　発生主義会計に基づく処理は，大きく以下の4つに分類することができます。次項より具体例を交えてそれぞれを詳しく見ていきます。

> ○ 費用の見越し（Expense Accrual）
> ○ 費用の繰延べ（Expense Deferral）
> ○ 収益の見越し（Revenue Accrual）
> ○ 収益の繰延べ（Revenue Deferral）

第2章　発生主義会計の仕組みと仕訳

【図表1】費用・収益の見越し・繰延べで使用する主な勘定科目

	見越し（Accrual）	繰り延べ（Deferral）
費用（Expense）	買掛金（Account Payable） 未払費用（Accrued Expense）	前払費用（Prepaid Expense）
収益（Revenue）	売掛金（Account Receivable） 未収収益（Accrued Revenue）	繰延収益（Deferred Revenue） 前受収益（Unearned Revenue）

2　費用の見越し（Expense Accrual）

　費用の見越し（accrual）とは，当期（当月）に現金を支払っていないものの，商品・サービス等の提供は当期（当月）中に受けているため，会計上は当期（当月）中に費用を認識することをいいます。
　費用の見越しで使用する主な勘定科目は，「買掛金（Account Payable）」および「未払費用（Accrued Expense）」となります。

(1)　買掛金（Account Payable）

　会社が商品を仕入れたり，サービスの提供を受けたりする場合，通常は商品やサービスが納品・提供された後に代金を支払う信用取引が行われます。この場合，発生主義会計では商品やサービス等の提供を受けた時点で費用を認識し，将来の支払債務は「買掛金（Account Payable）」として貸方に計上します。

【例題1】　買掛金の計上（商品の仕入）

　ABC Corporation は，XYZ Corporation より商品を300万円で仕入れ（purchase）ました。商品が20X9年5月15日に納品され，支払期限（due date）が6月末の場合の仕訳は以下の通りです。

Date	Account Name	Debit	Credit
20X9/05/15	Purchase	3,000,000	
	Account Payable		3,000,000

> **ポイント**
>
> 　5月中に発生した仕入は，5月の原価（cost of goods）として計上する必要があります。一方，代金は未払いのため，仕入先（vendors／suppliers）に対して負っている債務を「買掛金（Account Payable）」として計上します。

【例題2】　買掛金の支払い（仕入代金の支払い）

上記【例題1】の代金を6月末に支払った時の仕訳は下記の通りとなります。

Date	Account Name	Debit	Credit
20X9/06/30	Account Payable	3,000,000	
	ABC Bank		3,000,000

(2)　未払費用（Accrued Expense）

　一定の契約に基づいて継続的に役務の提供を受ける場合で，時間の経過とともにサービスは消費されているものの，支払いが完了していないというケースがあります。家賃（Rent）・支払利息（Interest Expense）・光熱費（Utilities）などが代表例ですが，これらの費用は時間の経過とともに既に発生しているため当期（当月）に計上し，支払債務を「未払費用（Accrued Expense）」として負債計上します。

【例題3】　未払費用の計上（未払利息の計上）

　20X8年7月1日に，ＡＢＣ株式会社はＸＹＺ銀行と借入契約（Loan Agree-

第2章 発生主義会計の仕組みと仕訳

ment）を締結し，年率12％で1,000万円を借り入れました（利息は年1回払い）。20X8年7月31日の未払利息（Accrued Interest）の仕訳は下記の通りとなります。

Date	Account Name	Debit	Credit
20X8/07/31	Interest Expense	100,000	
	Accrued Interest		100,000

ポイント

7月1日～7月31日までの1ヶ月分の利息が発生したことになるため，当該利息を「支払利息（Interest Expense）」として費用計上します（元本10,000,000円×年率12％÷12ヶ月＝100,000円）。一方，利息の支払いは翌年7月まで行われないため，貸方には「未払利息（Accrued Interest）」を負債計上します。

【例題4】 未払費用の支払い（未払利息の支払い）

20X9年7月1日に，上記【例題3】の借入契約（Loan Agreement）に基づく利息を現金で支払ったときの仕訳は下記の通りとなります。

Date	Account Name	Debit	Credit
20X9/07/01	Accrued Interest	100,000	
	Cash		100,000

※ 補助元帳（Subsidiary Ledger）について
「買掛金」「未払費用」などの取引先（Suppliers／Vendors）は複数にのぼることが多いので，多くの会社では補助元帳（Subsidiary Ledger）を使って取引先別に管理をしています（具体的には，会計ソフトの補助科目（Subsidiary Account）に買掛金・未払費用の相手先名（Supplier／Vendor）を設定します）。取引先別に管理することにより，どの取引先に対する債務が未払いとなっているかなどを容易に確認することができます。
なお，後述する「売掛金」についても同様に，補助元帳（売掛帳）を使って顧客（Customer）毎に管理している会社もあります。

3 費用の繰延べ（Expense Deferral）

　費用の繰延べとは，当期（当月）に現金を支払っているものの，商品・サービス等の提供は当期（当月）中に受けていないため，会計上は翌期（翌月）に費用を計上することをいいます。
　費用の繰延べで主に使用される勘定科目は「前払費用（Prepaid Expense）」となります。

(1)　前払費用（Prepaid Expense）
　現金の支出が先行し，サービスの消費が後に行われる場合は，現金の支出時点では「前払費用（Prepaid Expense）」を資産計上し，その後消費が行われた時点で費用として認識をしていきます。主に保険料（Insurance）や家賃（Rent）などが対象となります。

【例題5】　前払費用の計上（前払家賃の支払い）
　ＡＢＣ株式会社は20X9年10月25日に，翌月11月のオフィス賃料（Office Rent）80万円を ABC Bank の口座から支払いました。このときの仕訳は下記の通りとなります。

Date	Account Name	Debit	Credit
20X9/10/25	Prepaid Rent	800,000	
	ABC Bank		800,000

> **ポイント**
> 　11月のオフィス賃料は10月中に支払っていますが，その便益を受けるのは11月となるため，10月時点では費用は計上せず，「前払家賃（Prepaid Rent）」を計上します。

【例題６】 前払費用の振替え（前払家賃の費用化）

上記【例題５】にて前払計上した11月分の家賃は，11月に費用化します。仕訳は下記の通りとなります。

Date	Account Name	Debit	Credit
20X9/11/30	Rent Expense	800,000	
	Prepaid Rent		800,000

4 収益の見越し（Revenue Accrual）

収益の見越しとは，当期（当月）に現金を受け取っていないものの，商品やサービスの提供が当期（当月）中に終了しているため，会計上は当期（当月）に，収益として計上することをいいます。

収益の見越しで主に使用される勘定科目は「売掛金（Account Receivable）」「未収収益（Accrued Revenue）」となります。

(1) 売掛金（Account Receivable）

会社が商品を販売したり，サービスを提供したりする場合，通常は商品やサービスを納品・提供した後に代金を受け取る信用取引が行われます。この場合，発生主義会計では商品やサービス等を提供した時点で収益を認識し，将来の受取債権は「売掛金（Account Receivable）」として資産計上します。

【例題７】 売掛金の計上（商品の販売）

ABC Corporationは，XYZ Corporation に対して100万円の商品を販売しました。商品が20X9年7月15日に出荷され，回収期限（due date）が8月末の場合の仕訳は以下の通りです。

Date	Account Name	Debit	Credit
20X9/07/15	Account Receivable	1,000,000	
	Sales Revenue		1,000,000

> **ポイント**
>
> 7月中に販売した商品は，7月の売上（Sales Revenue）として計上する必要があります。一方，代金は未回収のため，将来代金を受け取る権利を「売掛金（Account Receivable）」として計上します。

【例題8】 売掛金の回収（売上代金の入金）

上記【例題7】の代金が8月末に回収された時の仕訳は下記の通りとなります。

Date	Account Name	Debit	Credit
20X9/08/31	ABC Bank	1,000,000	
	Account Receivable		1,000,000

(2) 未収収益（Accrued Revenue）

一定の契約に基づいて継続的に役務の提供を行う場合で，時間の経過とともにサービスは消費されているものの，未だ支払いを受けていないというケースがあります。家賃（Rent）・受取利息（Interest Revenue）などが代表例ですが，これらの収益は時間の経過とともに既に実現しているため当期（当月）に計上し，将来の受取債権を「未収収益（Accrued Revenue）」として資産計上します。

【例題9】 未収収益の計上（未収利息の計上）

20X8年7月1日に，ＡＢＣ株式会社はＤＥＦ子会社に，年率12％で1,000万円を貸し付けました（利息は年1回払い）。20X8年7月31日の未収利息（Accrued Interest）の仕訳は下記の通りとなります。

Date	Account Name	Debit	Credit
20X8/07/31	Accrued Interest	100,000	
	Interest Revenue		100,000

ポイント

　ＡＢＣ株式会社は，7月1日〜7月31日までの1ヶ月分の利息を獲得したことになるため，当該利息を「受取利息（Interest Revenue）」として収益計上します（元本10,000,000円×年率12％÷12ヶ月＝100,000円）。一方，利息（現金）は翌年7月まで受け取ることができないため，借方には「未収利息（Accrued Interest）」を資産計上します。この仕訳は，8月以降も毎月同様に記帳する必要があります。

【例題10】　未払収益の受取り（未払収益の受取り）

　20X9年7月1日に，上記【例題9】の利息（20X8年7月1日〜20X9年6月30日までの1年間の利息）を現金で受け取ったときの仕訳は下記の通りとなります。

Date	Account Name	Debit	Credit
20X9/07/01	Cash	1,200,000	
	Accrued Interest		1,200,000

5　収益の繰延べ（Revenue Deferral）

　収益の繰延べとは，当期（当月）に現金を受け取っているものの，商品・サービス等の提供は当期（当月）ではなく翌期（翌月）中に行うため，会計上は翌期（翌月）に収益を計上することをいいます。

収益の繰延べで主に使用される勘定科目は「繰延収益（Deferred Revenue）」「前受収益（Unearned Revenue）」となります。

(1) 繰延収益（Deferred Revenue）／前受収益（Unearned Revenue）

一定の契約に基づいて継続的に役務の提供を行う場合で，未だサービスの提供は完了していないものの，その代金の支払いを前もって受けているケースがあります。発生主義会計では，サービスの提供が行われるまでは収益の計上ができないため，貸方には負債勘定である「繰延収益（Deferred Revenue）」「前受収益（Unearned Revenue）」を計上し，サービスの提供が行われた時点で収益に振り替えるという処理を行います。

【例題11】 前受収益の計上（前受ライセンス料の計上）

20X9年5月31日に，ＡＢＣ株式会社はソフトウェアの年間ライセンス料（Annual License Fee）360万円を顧客（Customer）から受領しました。ライセンスの契約期間は20X9年5月から20X0年4月までです。20X9年5月31日の仕訳は下記の通りとなります。

Date	Account Name	Debit	Credit
20X9/05/31	Cash	3,600,000	
	License Revenue		300,000
	Deferred License Revenue		3,300,000

ポイント

ＡＢＣ株式会社は1年分のライセンス料を受領しましたが，20X9年5月31日時点では，5月分のサービスしか消費されていないため，ライセンス収入（License Revenue）は1ヶ月分に相当する300,000円しか計上できません（3,600,000円÷12ヶ月＝300,000円）。残りの11ヶ月分（3,300,000

円）の代金については顧客からの「預り金」と考え、「繰延ライセンス収益（Deferred License Revenue）」を使って負債を計上します。

【例題12】 繰延収益の振替え（繰延ライセンス料の収益化）

上記【例題11】のケースにおける、20X9年6月30日の仕訳は下記の通りとなります。

Date	Account Name	Debit	Credit
20X9/06/30	Deferred License Revenue	300,000	
	License Revenue		300,000

ポイント

6月分のサービスが新たに消費されたため、1ヶ月分のライセンス収入（300,000円）を計上し、「繰延ライセンス収入（Deferred License Revenue）」を減額します。この時点での「繰延ライセンス収入」の残高は300万円となります（360万円－30万円（5月分）－30万円（6月分）＝300万円）。

6 関係会社間取引 (Intercompany Transactions)

外資系企業では（中小規模であっても）、本国の親会社や関連会社との取引が発生するケースが多く見られます。親会社や関連会社との取引も通常は発生主義で記帳され、仕訳も一般の取引と変わりありませんが、他の取引と区別するために会社間勘定（Intercompany Accounts）を設けている企業がほとんどです。

関係会社間取引で使用される主な勘定科目は、「Intercompany Receivable（親会社・関連会社に対する債権）」、「Intercompany Payable（親会社・関連会社に対する債務）」です。

(1) 親会社・関連会社に対する債権（Intercompany Receivable）

外資系企業では，親会社からサービス・フィーを受け取ったり，親会社・関連会社の費用を立替払いしたりします。この場合，親会社・関連会社から将来現金を受取る権利が発生するため，「Intercompany Receivable」勘定を使って記帳します。

【例題13】

アメリカのソフトウェア会社の日本現地法人であるＡＢＣ株式会社は，アメリカの親会社に代わって日本の顧客に対する技術サポート・保守・カスタマイズ等の業務を請け負っています。ＡＢＣ株式会社は，これらの業務に対する対価として，毎月必要経費に5％上乗せした金額を翌月末にサービス・フィーとして親会社から円貨で受取っています。20x9年5月のＡＢＣ株式会社の必要経費が200万円としたとき，20x9年5月のサービスフィーの仕訳は下記の通りとなります。

Date	Account Name	Debit	Credit
20X9/05/31	Intercompany Receivable	2,100,000	
	Service Fee Revenue		2,100,000

ポイント

20x9年5月の必要経費200万円に5％のマージンを上乗せした金額がサービスフィーとなるため，210万円（200万円×1.05＝210万円）を「サービス・フィー収入（Service Fee Revenue）」として計上します。一方，サービス・フィーが実際に支払われるのは翌月末の6月末となるため，5月の時点では「Intercompany Receivable（親会社に対する債権）」を借方に計上します。

第２章　発生主義会計の仕組みと仕訳

【例題14】

ＰＱＲ株式会社は，米国本社の従業員の日本への出張費300,000円を立替払いしました（支払日は20X9年７月20日）。このときの仕訳は下記の通りとなります。

Date	Account Name	Debit	Credit
20X9/07/20	Intercompany Receivable ABC Bank	300,000	300,000

ポイント

300,000円の立替払いにより，ＰＱＲ株式会社の預金は減少するため「ABC Bank（預金）」を貸方計上します。一方，親会社とは立替金の精算がまだ済んでいないため，「Intercompany Receivable（親会社に対する債権）」勘定を借方に計上します。

(2) 親会社・関連会社に対する債務（Intercompany Payable）

親会社・関連会社から商品を仕入れたり，親会社に利息を支払ったりする場合，また親会社が費用を立替払いしてくれる場合などは，親会社・関連会社に対して将来現金を支払う義務が発生するため，「Intercompany Payable」勘定を使って記帳します。

【例題15】

ＡＢＣ株式会社はイタリアの親会社から，商品であるブランドバッグを仕入れています。20X9年10月５日に商品を100,000ユーロで仕入れ，仕入時の為替レート（スポットレート）は「１ユーロ＝135円」でした。このときの仕訳を考えてみましょう。

Date	Account Name	Debit	Credit
20X9/10/05	Purchase	13,500,000	
	Intercompany Payable		13,500,000

ポイント

　仕入金額100,000ユーロを仕入時のレート（1ユーロ＝135円）で円換算すると13,500,000円となり、これが「仕入額（Purchase）」となります。親会社に対する支払債務は「Intercompany Payable（親会社に対する債務）」として貸方計上します。

【例題16】

　ＡＢＣ株式会社は、上記【例題15】の仕入代金を20X9年11月30日に海外送金で支払いました。このときの為替レート（スポットレート）が「1ユーロ＝140円」となっていた場合の仕訳は下記の通りとなります。

Date	Account Name	Debit	Credit
20X9/11/30	Intercompany Payable	13,500,000	
	Foreign Currency Loss	500,000	
	ABC Bank		14,000,000

ポイント

　親会社に対する支払額は、外貨を送金する際のスポットレートで計算されるため14,000,000円となります(100,000ユーロ×140円＝14,000,000円)。一方、親会社に対する債務として計上されている金額は13,500,000円のため、差額の500,000円は「Foreign Currency Loss（為替差損）」として借方計上します。円安により外貨建ての債務が膨らんだため、差損が生じたということになります。

なお，決算時には親会社に対する債権・債務に限らず，全ての外貨建て債権・債務は決算時レートで評価替えをする必要があります。会社によっては，月次決算で外貨建て債権・債務の評価替えを毎月行っているところもあります。

【演習問題】

1．ＡＢＣ株式会社は，5月分のコンサルティング費用（Consulting Fee）として，20X9年5月31日にコンサルティング会社から350,000円の請求書を受領しました。支払期日は6月30日となっており，同日に支払いを行います。

(1) ＡＢＣ株式会社の5月31日時点での仕訳を切ってください。

Date	Account Name	Debit	Credit
20X9/05/31			

(2) ＡＢＣ株式会社の6月30日時点での仕訳を切って下さい。

Date	Account Name	Debit	Credit
20X9/06/30			

2．ＡＢＣ株式会社は，売上の5％に相当する販売手数料（Sales Commission）を営業社員に支払っています。20X9年7月の売上は5,000万円でしたが，7月25日の給料日に見込みで支払われた手数料は200万円でした（200万円については，既に経理処理済）。この場合，7月31日にどのような仕訳を切るべきでしょうか。

Date	Account Name	Debit	Credit
20X9/07/31			

3．ＧＨＩ株式会社は，スポーツウェアの卸売会社です。小売店（Golf & Tennis Shop）よりポロシャツ300枚（１枚1,000円）の注文があり，20✕9年３月15日に納品しました。代金は４月15日に回収しました。
   ⑴　ＧＨＩ株式会社の20✕9年３月15日時点での仕訳を切って下さい。ＧＨＩ株式会社では，売掛金を顧客毎に管理していますので，補助科目を使って記帳して下さい。

Date	Account Name	Debit	Credit
20✕9/03/15			

   ⑵　ＧＨＩ株式会社の20✕9年４月15日時点での仕訳を切って下さい。

Date	Account Name	Debit	Credit
20✕9/04/15			

4．ＸＹＺ株式会社は，20✕8年12月25日に，対象期間が20✕9年１月１日から20✕9年12月31日までの火災保険（掛け捨てタイプ）に加入しました。保険料は12万円でした。
   ⑴　ＸＹＺ株式会社の20✕8年12月25日時点での仕訳を切って下さい。

Date	Account Name	Debit	Credit
20✕8/12/25			

   ⑵　ＸＹＺ株式会社の20✕9年１月31日時点での仕訳を切って下さい。

Date	Account Name	Debit	Credit
20✕9/01/31			

第2章　発生主義会計の仕組みと仕訳

5．ＤＥＦ株式会社は，システムの保守管理を行う会社で，契約時に6ヶ月分の保守管理料を前金で受領しています。【図表】Deferred Revenue Scheduleを見ながら，以下の質問に答えてください。

Deferred Revenue Schedule

Customer	Contract Price	Jan-09	Feb-09	Mar-09	Apr-09	May-09	Jun-09	Jul-09	Aug-09	Sep-09
Customer A	1,200,000	200,000	200,000	200,000	200,000	200,000	200,000			
Customer B	2,400,000		400,000	400,000	400,000	400,000	400,000	400,000		
Customer C	900,000			150,000	150,000	150,000	150,000	150,000	150,000	
Customer D	1,500,000				250,000	250,000	250,000	250,000	250,000	250,000
Customer E	1,800,000				300,000	300,000	300,000	300,000	300,000	300,000
Realised Revenue (P/L)		200,000	600,000	750,000	1,300,000	1,300,000	1,300,000	1,100,000	700,000	550,000
Deferred Revenue (B/S)		1,000,000	2,800,000	2,950,000	4,950,000	3,650,000	2,350,000	1,250,000	550,000	0

(1) 20X9年1月1日に，Customer Aと保守管理契約を締結し，6ヶ月分の保守管理料として120万円が振り込まれました。20X9年1月の仕訳を切って下さい。

Date	Account Name	Debit	Credit
20X9/01/01			

Date	Account Name	Debit	Credit
20X9/01/31			

(2) Deferred Revenue Schedule のデータに基づき，20X9年4月の仕訳を切って下さい。

37

Date	Account Name	Debit	Credit
20X9/04/01			

Date	Account Name	Debit	Credit
20X9/04/30			

6．上記5の質問における Customer C の仕訳を考えます。
   (1) Customer C はＤＥＦ株式会社と20X9年3月1日に保守管理契約を締結し，同日に契約金額を全額振り込みました。このときの仕訳を切って下さい。

Date	Account Name	Debit	Credit
20X9/03/01			

   (2) Customer C の3月31日時点の仕訳を切って下さい。

Date	Account Name	Debit	Credit
20X9/03/31			

7．ＡＢＣ株式会社は，米国の親会社がＡＢＣ株式会社のために立替え払いした広告宣伝費の請求書を受領しました。請求書の日付は20X9年3月10日，請求金額は300ドルでした。
   (1) 20X9年3月10日の仕訳を切って下さい。為替レートは100円とします。

第2章　発生主義会計の仕組みと仕訳

Date	Account Name	Debit	Credit
20X9/03/10			

(2) ＡＢＣ株式会社は，20X9年6月30日に上記立替金の精算をしました。このときの仕訳を切って下さい。6月末日の為替レートは90円とします。

Date	Account Name	Debit	Credit
20X9/06/30			

8．半導体メーカーのＸＹＺ株式会社は，韓国本社より提供されている最新技術の対価として毎月の売上の5％をロイヤリティとして支払っています（翌月払い）。20X9年9月の売上が10億円だった場合の，20X9年9月30日の仕訳を切って下さい。

Date	Account Name	Debit	Credit
20X9/09/30			

【解答・解説】

1. (1)

Date	Account Name	Debit	Credit
20X9/05/31	Consulting Fee	350,000	
	Accrued Expense		350,000

　5月中に提供を受けたサービスは5月の経費（Consulting Fee）として計上する必要がありますが，支払い自体は翌月6月まで行われないため，コンサルティング会社に対する債務を「未払費用（Accrued Expense）」として計上します。

(2)

Date	Account Name	Debit	Credit
20X9/06/30	Accrued Expense	350,000	
	Bank		350,000

　　6月30日の支払いをもって，コンサルティング会社に対する債務は消滅するため，「未払費用（Accrued Expense）」を取り崩します。

2.

Date	Account Name	Debit	Credit
20X9/07/31	Sales Commission	500,000	
	Accrued Commission		500,000

　　7月の売上に対する販売手数料（Sales Commission）は250万円（5,000万円×5％＝250万円）ですが，7月に営業社員に支払ったのは200万円です。差額の50万円は7月の費用として認識するべきなので，7月31日に販売手数料を同額追加で計上し，営業社員に対する未払額を未払費用（Accrued Commission）として計上します。

3.(1)

Date	Account Name	Debit	Credit
20X9/03/15	Account Receivable	300,000	
	--Golf & Tennis Shop		
	Sales Revenue		300,000

　　代金は翌月4月の受取りですが，3月に販売した商品は3月の収益として計上する必要があるため，売上（Sales Revenue）を計上します（1,000円×300枚＝300,000円）。翌月に代金を受け取る権利は，売掛金（Account Receivable）として計上し，補助科目でGolf & Tennis Shopを指定します。

(2)

Date	Account Name	Debit	Credit
20X9/04/15	ABC Bank	300,000	
	Account Receivable --Golf & Tennis Shop		300,000

　代金の回収により売掛金は消滅しますので，貸方に売掛金（Account Receivable）を計上します。このとき，補助科目はGolf & Tennis Shopを指定し，その顧客の売掛金が確実に消し込まれるようにします。

4．(1)

Date	Account Name	Debit	Credit
20X8/12/25	Prepaid Insurance	120,000	
	Bank		120,000

　保険料は20X8年12月に支払いましたが，保険期間は翌年からであるため12月は「前払保険料（Prepaid Insurance）」を計上します。

(2)

Date	Account Name	Debit	Credit
20X9/01/31	Insurance Expense	10,000	
	Prepaid Insurance		10,000

　保険契約は20X9年より効力が発生しているため，月次決算を考えるときは，保険料12万円を12ヶ月で均等に費用化する必要があります。したがって，20X9年1月31日時点では1月分の保険料に相当する1万円（12万円÷12ヶ月＝1万円）を「前払費用（Prepaid Expense）」から「保険料（Insurance Expense）」に振り替えます。

5.(1)

Date	Account Name	Debit	Credit
20X9/01/01	ABC Bank	1,200,000	
	Deferred Revenue		1,200,000

20X9年1月1日時点では，まだサービスの提供が行われていないため，前金で受領した保守管理料120万円は，全額を繰延収益（Deferred Revenue）として計上します。

Date	Account Name	Debit	Credit
20X9/01/31	Deferred Revenue	200,000	
	Sales Revenue		200,000

20X9年1月31日時点では，1ヶ月分のサービス提供が完了しているため，1ヶ月分に相当する売上200,000円（1,200,000円÷6ヶ月＝200,000円）が実現していることになります。したがって，同額を繰延収益（Deferred Revenue）から売上収入（Sales Revenue）に振り替えます。

(2)

Date	Account Name	Debit	Credit
20X9/04/01	ABC Bank	3,300,000	
	Deferred Revenue		3,300,000

20X9年4月1日には，Customer DおよびCustomer Eと契約を締結し，それぞれ150万円，180万円を前金で受領していますので，合計額の330万円を繰延収益（Deferred Revenue）として計上します。

Date	Account Name	Debit	Credit
20X9/04/30	Deferred Revenue	1,300,000	
	Sales Revenue		1,300,000

一方，4月中に Customer A〜Eに提供したサービスに対する売上（130万円）は当月の収益として計上する必要があるため，同額を繰延収益（Deferred Revenue）から売上収入（Sales Revenue）に振り替えます。この結果，4月末の繰延収益の残高は495万円となります。

6. (1)

Date	Account Name	Debit	Credit
20X9/03/01	Prepaid Expense	900,000	
	Bank		900,000

Customer Cは契約金額90万円を一括で支払っていますが，サービスの提供は受けていないため，全額を「前払費用（Prepaid Expense）」として計上します。

(2)

Date	Account Name	Debit	Credit
20X9/03/31	Maintenance Fee	150,000	
	Prepaid Expense		150,000

3月31日時点では，1ヶ月分の保守管理サービスが消費されているため，「前払費用（Prepaid Expense）」を1ヶ月分（90万円÷6ヶ月＝15万円）だけ取り崩して，「メンテナンス費用（Maintenance Fee）」に振り替えます。

7. (1)

Date	Account Name	Debit	Credit
20X9/03/10	Advertising Expense	30,000	
	Intercompany Payable		30,000

広告宣伝費は親会社が支払っていますが，本来はＡＢＣ株式会社の費用であるため，借方に「広告宣伝費（Advertising Expense）」を計上します。

親会社に対する債務は「Intercompany Payable」とし，精算時に消し込みを行う必要があります（下記参照）。なお，親会社への支払いが当月中などに速やかに行われる場合は，「Intercompany Payable」勘定を通す必要はありません（海外送金額をそのまま預金の減少として記帳すればよい）。

(2)

Date	Account Name	Debit	Credit
20X9/06/30	Intercompany Payable	30,000	
	Bank		27,000
	Foreign Currency Gain		3,000

親会社への支払額（外貨送金額）は，20X9年6月末のスポットレートで計算されるため，27,000円（300ドル×90円＝27,000円）となります。したがって，銀行預金は27,000円減少します。一方，20X9年2月10日に計上した「Intercompany Payable」は30,000円ですので，この消し込みにあたっては，差額の3,000円を「為替差益（Foreign Currency Gain）」として計上します。円高によって，外貨建て債務が目減りしたため，差益が発生したということになります。

8.

Date	Account Name	Debit	Credit
20X9/09/30	Royalty Fee	50,000,000	
	Intercompany Payable		50,000,000

10億円の売上に対するロイヤリティは5,000万円（1,000,000,000円×5％＝50,000,000円）なので，借方は「ロイヤリティ・フィー（Royalty Fee）」を5,000万円計上します。親会社への支払いは翌月（10月）となるため，9月末時点では，貸方に「Intercompany Payable」を同額計上します。

第3章 減価償却
CHAPTER 3

1 減価償却の概要
2 減価償却費の算出方法と仕訳
3 減価償却に関する税制度
4 資本的支出（Capital Improvement）と修繕費（Repair and Maintenance）

本章で学ぶこと

第3章では，減価償却の概要を理解した上で，実務上重要となる，減価償却費の算出方法と仕訳を中心に学習します。また，税法上の論点として，少額減価償却資産の取り扱いや一括償却資産制度等についても解説します。税法および会社の減価償却方針も踏まえた適正な処理・仕訳ができるよう，まずは減価償却資産の範囲，償却計算に必要な算出要素（取得価額・耐用年数等）そして償却方法（定額法・定率法）について確実に理解するようにして下さい。

1 減価償却の概要

(1) 減価償却の対象となる固定資産（Fixed assets）とは

　固定資産とは，会社の営業活動のために長期的に使用される資産のことをいいます。実務上は，有形固定資産（Property, Plant and Equipment），無形固定資産（Intangible Fixed Assets）の2つが中心です。減価償却（Depreciation）とは，会社が長期的に使用する固定資産をその利用することができる期間（耐用年数）にわたって費用を配分する手続きのことをいいます。

　したがって，固定資産の中でも，①実際に事業に利用しており，②時の経過によってその価値が減少するもの，が減価償却の対象となります。事業の用に供していない資産（遊休資産・建設中の資産等）や時の経過により価値が減少しないもの（土地・借地権・著作権等）は，減価償却資産には該当しません。

　一般的に，会社で保有している固定資産は採番され，固定資産台帳（Fixed Asset Schedule）にて管理されています。

(2) 減価償却の方法

　上記にもあるように，減価償却とは，会社が長期的に使用する固定資産をその利用することができる期間（耐用年数）にわたって費用を配分する手続きのことをいいます。

　その計算方法については，外資系企業の場合は大きく分けて，2つの方法があります。

> ① 日本の税法に準拠する場合
>
> 　日本の税法に準拠して計算を行う場合は，専用のソフトで減価償却費を計算する場合が多いと思われます。専用のソフトには，償却方法（定率法，定額法），耐用年数，取得価額等を入力することが必要になります。耐用年数は，「減価償却資産の耐用年数等に関する省令」に基づいて設定します。
>
> ② 親会社の指示に基づく場合
>
> 　親会社の指示に従い，その会社独自の計算方法により，減価償却費を計算することもあります。この場合に，日本の税法により認められた減価償却費の限度額を超過することもあり，その差額は日本で税務申告を行う際に，調整を行う必要があるので，注意が必要です。

　以下では，①日本の税法に準拠する場合，における減価償却費の算出について，説明していきます。

2　減価償却費の算出方法と仕訳

(1)　減価償却費の算出に必要な情報

　以下では，減価償却費を算出するために必要な要素について，解説します。
減価償却費算出に必要な要素：

　① 取得価額（Acquisition cost）

　② 耐用年数（Useful life）

　③ 償却方法（Depreciation Method）

①　資産の取得原価（Acquisition cost）

　購入した固定資産の取得価額は，下記の金額を合計したものになります。

　　a．その資産の購入の代価

　　b．付随費用

　　c．事業に使用するために直接要した費用

　　b．は，引取運賃，運送保険料，購入手数料，関税などが含まれます。

c.は，据付費，試運転費などが含まれます。

なお，消費税については第4章で詳しく学びますので，本章では消費税については考慮しません。

【例題1】

20X9年5月1日に，従業員が使用するためのパソコンを32万円で購入しました。また，購入時に運送料として1,000円，セットアップ費用1万円を支払いました。支払いは小口現金より支出しました。

Date	Account Name	Debit	Credit
20X9/05/01	Computer	331,000	
	Petty cash		331,000

ポイント

運送料は付随費用で，セットアップ費用は使用するために直接要する費用ですので，取得原価に含めることになります。

② 耐用年数（Useful life）

耐用年数とは，その固定資産を使用することができる期間の年数のことで，その期間にわたって費用を配分します。ただし，資産を実際にどの位の期間使用できるか，ということを客観的に判断することは難しく，実務上は，税法で定められている耐用年数を使用することになります。具体的には，「減価償却資産の耐用年数等に関する省令」に基づいて設定します。

③ 償却方法（Depreciation Method）

平成19年度の税法改正により，固定資産の減価償却方法は，①平成19年3月31日以前取得分と②平成19年4月1日以降取得分で取り扱いが大きく異なることとなりました。以下では，③平成19年4月1日以降に取得して，使用する資

産の償却方法について，説明します。

(2) 償却方法

通常使用する償却方法は，①定額法と②定率法になります。税法上，どちらの方法を使用するか，選択することが可能な資産もありますので，資産毎に会社がどちらの方法を選定しているかを，まず確認することが必要です。

① 定額法（Straight-Line Method）

減価償却費が，耐用年数を通じて，毎期一定になるように償却する方法です。

> **定額法の減価償却額＝取得価額×定額法償却率**

（注）　定額法償却率＝$\dfrac{1}{\text{耐用年数}}$

つまり，定額法の減価償却額は，取得価額を耐用年数で割った値と同一になります。

【例題2】

20x9年5月1日に，パソコンを48万円で購入し，使用を始めました。償却方法は，定額法を選択しており，税法に準拠して耐用年数は4年，という前提で，5月分の償却費を計算して下さい。

$$48\text{万円} \times 0.25 \times \dfrac{1}{12\text{ヶ月}} = 10{,}000\text{円}$$

（注）　定額法償却率＝$\dfrac{1}{4\text{年}}$＝0.25

② 定率法（Declining-balance method）

減価償却費が毎年一定の割合で，算出される方法です。定率法の償却率は，原則として定額法の2.5倍に設定されています。

　　定率法の減価償却額＝取得価額×定率法償却率

（注）　定率法償却率＝$\dfrac{1}{\text{耐用年数}} \times 2.5$

【例題3】

20x9年5月1日に,パソコンを48万円で購入し,使用を開始しました。償却方法は,定率法を選択しており,税法に準拠して耐用年数は4年,という前提で,5月分の償却費を計算して下さい。

$$48万円 \times 0.625 \times \frac{1}{12ヶ月} = 25,000円$$

(注) 定率法償却率 $= \frac{1}{4年} \times 2.5 = 0.625$

現行の定率法では,ある一定期間を経過すると残存年数による均等償却に切り替える必要がある等,他にも様々な取り決めがありますが,実務では,専用のソフトに減価償却の計算要素(取得価額・耐用年数・償却方法)を入力することで,減価償却費が自動的に計算されますので,本書では税法上のより詳細な計算方法については触れません。取得価額,耐用年数,償却方法を正確に判断できるように,理解を深めてください。

(3) 減価償却費の仕訳

借方(Debit)は,有形固定資産に対する償却の場合は減価償却費(Depreciation),無形固定資産に対する償却の場合は償却費(Amortization)という使い分けをします。

貸方(Credit)は,有形固定資産の場合は減価償却累計額(Accumulated depreciation),無形固定資産の場合は(Accumulated amortization)を設定することが一般的です。

【例題4】

固定資産としてパソコンを保有しているA社は,20x9年5月の減価償却費を専用のソフトで計算したところ,50,000円でした。5月の月次決算を行うにあたって,必要な減価償却の仕訳を切って下さい。

Date	Account Name	Debit	Credit
20X9/05/31	Depreciation	50,000	
	Accumulated depreciation		50,000

ポイント

日本語での仕訳は，下記になります。

（借）減 価 償 却 費　50,000　　　（貸）減価償却累計額　50,000

【例題５】

無形固定資産として，ソフトウェア（Software）を保有しているB社は，20X9年5月の償却額を専用のソフトで計算したところ，30,000円でした。5月の月次決算を行うにあたって，必要な償却の仕訳を切って下さい。

Date	Account Name	Debit	Credit
20X9/05/31	Amortization	30,000	
	Accumulated amortization		30,000

ポイント

ソフトウェア（Software）は，日本の税法上，原則として耐用年数5年，定額法により償却を行います。

3　減価償却に関する税制度

減価償却について，実務上必要となる税制度の概要を簡単に解説していきます。初めからすべてを理解することは難しいと思いますが，まずはこのような制度があることを知り，該当しそうな資産があるときには，顧問税理士等と相談をしながら処理を行うようにして下さい。

(1) 少額な減価償却資産の取得価額の損金算入

資産の中でも，次の要件に当てはまるものは，税法上，使用を開始した時点で，全額を経費として処理することが認められています。

取得価額が10万円未満または使用可能期間が1年未満のもの

【例題6】

B社は，20X9年6月1日に，社内に設置する時計を2万円で購入し，使用を開始しました。支払いは小口現金から行いました。B社は，10万円未満の固定資産については，全額当該事業年度の経費として処理しています。6月1日の取引の仕訳を切って下さい。

Date	Account Name	Debit	Credit
20X9/06/01	Equipment expensed	20,000	
	Petty cash		20,000

ポイント

上記の仕訳では，備品の費用を表す勘定科目としてEquipment expensedを用いていますが，勘定科目の名称は会社によって異なります。

(2) 一括償却資産の損金算入制度

取得価額が20万円未満の固定資産については，使用を開始した事業年度を含めて3年間で，経費として処理することが認められています。

【例題7】

C社は，20X9年5月1日に，パソコンを18万円で購入して，使用を開始しました。

なおC社は12月決算で，20万円未満の固定資産については，事務負担を軽減するために，一括償却資産の損金算入制度を利用しています。C社の20X9年度

の減価償却費を算出して下さい。

$$\frac{18万円}{3年} = 6万円$$

> **ポイント**
>
> 減価償却費は，通常は月数按分しますが，一括償却では月数按分は不要です。その資産の取得価額の1／3を，各事業年度で減価償却費とすることが，認められています。

(3) 中小企業者等の少額減価償却資産の取得価額の損金算入制度

中小企業者等（青色申告法人に限る）は，平成15年4月1日から平成22年3月31日までの間に限り，10万円以上30万円未満の減価償却資産の取得価額全額を，使用を開始した事業年度において経費として処理することが認められています。ただし，1つの事業年度で本制度を利用することができる取得価額の上限は，300万円と決められています。

（注） 中小企業者等にあたるかの判断基準として，まず期末資本金が1億円以下である必要がありますが，その他にも要件がありますので，必ず自社が中小企業者等に該当するかを確認するようにして下さい。

【例題8】

D社は，20X9年6月1日に，パソコンを25万円で購入し，使用を開始しました。支払いは小口現金から行いました。なお，B社は，30万円未満の資産については，中小企業者等の少額減価償却資産の取得価額の損金算入制度を利用しています。6月1日の取引の仕訳を切って下さい。

Date	Account Name	Debit	Credit
20X9/06/01	Equipment expensed	250,000	
	Petty cash		250,000

> **ポイント**
>
> 　会社によって，減価償却のポリシーは異なります。上記のような制度を利用して，最大限経費として処理する会社もあれば，10万円未満の固定資産についても，一時に経費として計上せずに，減価償却をしていく会社もあります。資産購入時には，会社のポリシーをよく確認して，処理するようにしましょう。

4　資本的支出（Capital improvement）と修繕費（Repair and maintenance）

　固定資産を購入した後で，修理や改良のために支出をした場合について，税務上どのような処理がなされるかを確認していきます。

　固定資産購入後の支出について，その資産を維持するために必要と認められる部分については，支出時に経費として処理することができます。その場合，修繕費（Repair＆Maintenance）といった費用科目にて処理されます。

　一方で，固定資産購入後の支出によって，その資産の使用期間が延長する場合や，価値が増加する場合には，資本的支出（capital improvement）とされ，資産計上（capitalize）することが必要となります。

　なお，20万円未満の少額の支出については，実態は資本的支出であっても，修繕費として処理することが認められています。

　資本的支出と修繕費の区別は，非常に難しい問題ですので，実務では顧問税理士等に確認の上，個別に判断する必要があります。修理・改良等で20万円以上を支出した場合は，慎重な処理が求められます。

第3章 減価償却

【演習問題】

1．下記の設問の仕訳を切って下さい
  (1) 20X9年1月7日に，ＰＣを325,000円で購入して，同時に運送費として1,400円を支払いました。支払いは，小口現金から行いました。

Date	Account Name	Debit	Credit

  (2) 上記のＰＣの1月分の減価償却費を算出して，仕訳を切って下さい。償却方法は定率法で，耐用年数は4年です。

Date	Account Name	Debit	Credit

  (3) 上記(2)で，償却方法が定額法の場合で，減価償却費を算出して，仕訳を切って下さい。

Date	Account Name	Debit	Credit

2．Ａ株式会社は，次の固定資産台帳の明細表を専用ソフトから出力しました。下記の明細表を見て，20X9年3月の減価償却費の仕訳を切って下さい。

固定資産台帳明細表
平成20年3月

資産名	取得価額	耐用年数	償却方法	月初帳簿価額	普通償却額	月末帳簿価額	償却累計額
ＰＣ1	320,000	4	定率	286,668	16,666	270,002	49,998
ＰＣ2	350,000	4	定率	313,542	18,229	295,313	54,687
合計	670,000			600,210	34,895	565,315	104,685

Date	Account Name	Debit	Credit

3．下記の設問の仕訳を切って下さい
(1) 5月1日に，Softwareを360,000円で購入して，支払いは，小口現金から行いました。仕訳を切って下さい。

Date	Account Name	Debit	Credit

(2) 上記，Softwareにつき，5月分の償却費を計算して，仕訳を切って下さい。償却は，耐用年数5年，定額法により行うこととします。

Date	Account Name	Debit	Credit

【解答・解説】

1.(1)

Date	Account Name	Debit	Credit
20X9/01/07	Computer	326,400	
	Petty cash		326,400

　ＰＣ本体に加えて，運送費の1,400円も付随費用として取得価額に加える必要があります。

第3章　減価償却

(2)

Date	Account Name	Debit	Credit
20X9/01/31	Depreciation	17,000	
	Accumulated depreciation		17,000

定率法の減価償却額＝取得価額×定率法償却率

（注）　定率法償却率＝$\dfrac{1}{耐用年数}$×2.5

上記の式に当てはめますと，$326,400 \times \dfrac{1}{4} \times 2.5 = 204,000$円

今回は，1月の1か月分の減価償却費ですので，$\dfrac{204,000円}{12 ヶ月} = 17,000$円となります。

(3)

Date	Account Name	Debit	Credit
20X9/01/31	Depreciation	6,800	
	Accumulated depreciation		6,800

定額法の減価償却額＝取得価額×定額法償却率

（注）　定額法償却率＝$\dfrac{1}{耐用年数}$

上記の式に当てはめますと，$326,400 \times \dfrac{1}{4} = 81,600$円

今回は，1月の1か月分の減価償却費ですので，$\dfrac{81,600円}{12 ヶ月} = 6,800$円となります。

2.

Date	Account Name	Debit	Credit
20X9/03/31	Depreciation	34,895	
	Accumulated depreciation		34,895

　資産台帳から，ＡＢＣ株式会社では，パソコンを２台保有していることが分かります。３月の減価償却費は，「普通償却額」の合計欄を見ることで，34,895円であることが分かります。

3.(1)

Date	Account Name	Debit	Credit
20X9/05/01	Software	360,000	
	Petty cash		360,000

(2)

Date	Account Name	Debit	Credit
20X9/05/31	Amortization	6,000	
	Accumulated amortization		6,000

> 定額法の減価償却額＝取得価額×定額法償却率

（注）　定額法償却率＝$\dfrac{1}{耐用年数}$

　上記の式に当てはめますと，$360,000 \times \dfrac{1}{5} = 72,000$円

　今回は，５月の１か月分の減価償却費ですので，$\dfrac{72,000円}{12ヶ月} = 6,000$円

となります。

　また，Softwareは無形固定資産ですので，償却費の勘定科目はAmortizationとなります。

第4章 消費税（Consumption Tax）
CHAPTER 4

1 消費税の仕組み
2 小規模事業者に係る納税義務の免除
3 税込経理（Consumption Tax Inclusive）と税抜経理（Consumption Tax Exclusive）
4 国内取引の課税の対象
5 国内取引の非課税
6 国内取引の輸出免税（Export Exemption）等
7 輸入取引の課税の対象
8 売上げに係る取引の記帳方法
9 仕入税額控除
10 消費税額の計算
11 簡易課税制度の概要
12 会計帳簿と請求書等の保存
13 消費税等の納付

> **本章で学ぶこと**
>
> 　第4章では，消費税の基本構造を学習します。消費税の対象となる取引，対象外となる取引を区別できるようにしましょう。また輸出入に係る取引は外資系企業では頻繁に出てくる項目になります。基本的な仕訳を作成できるようにしましょう。

1　消費税の仕組み

(1)　消費税とは

　消費税とは，国内における「消費」という行為に対して負担するもので，事業者が行う商品の販売やサービスの提供などの売上げに対して課税することにより，消費者が最終的に負担する税金です。ＥＵ諸国等で古くから採用されている付加価値税（Value Added Tax）と基本的構造は同じです。

(2)　税　　　率

　現在の税率は５％です。４％が国税，１％が地方消費税となります。

　通常の記帳では国税と地方消費税を分けて考える必要はなく，合計の５％を使用します。

(3)　納付する消費税額の計算

　消費税は，原則として事業者が行う売上げに対して課税されます。そのため，事業者が他の事業者から商品を購入したり，サービスの提供を受けることによって，他の事業者に対してその代金を支払ったりする際にも消費税も併せて支払っています。

　そこで，事業者が納付すべき消費税は，売上げにより顧客から預かった消費税額から，仕入れにより他の事業者に支払った消費税額を差し引いて計算することとなります。

> 納付する消費税額＝預かった消費税額－支払った消費税額

　細かい規定はありますが，ここでは納付する消費税額は「税抜売上高×５％－税抜仕入高×５％」と覚えておいてください。

第4章 消費税

【例題1】

当社は小売業者です。卸売業者から7,000円の商品（税抜）を仕入れ，消費者に対して10,000円の商品（税抜）を販売した場合の納付税額を求めて下さい。

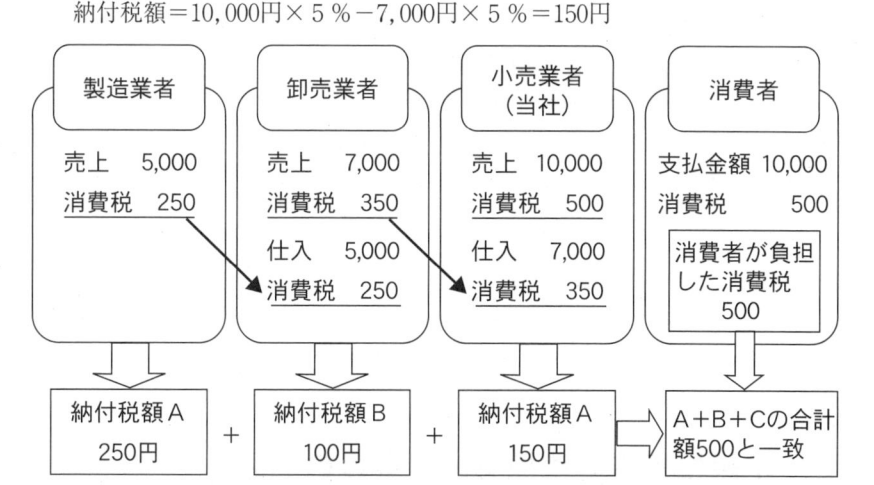

納付税額＝10,000円×5％－7,000円×5％＝150円

```
┌─────────┐   ┌─────────┐   ┌─────────┐   ┌─────────┐
│ 製造業者 │   │ 卸売業者 │   │ 小売業者 │   │  消費者  │
│         │   │         │   │ （当社） │   │         │
│売上 5,000│   │売上 7,000│   │売上10,000│   │支払金額10,000│
│消費税 250│→ │消費税 350│→ │消費税 500│   │消費税   500│
│         │   │仕入 5,000│   │仕入 7,000│   │消費者が負担│
│         │   │消費税 250│   │消費税 350│   │した消費税 │
│         │   │         │   │         │   │    500    │
└────┬────┘   └────┬────┘   └────┬────┘   └────┬────┘
     ↓             ↓             ↓             ↓
 納付税額A  ＋  納付税額B  ＋  納付税額A  ⇒ A＋B＋Cの合計
  250円         100円         150円      額500と一致
```

小売業者である当社は仕入れ時に卸売業者に350円の消費税を仮払いし，売上げ時に消費者から500円の消費税を預かっています。当社は預かった消費税500円と支払った消費税350円の差額である150円を消費者の代わりに納税することとなり，実質的に税金を負担しているわけではありません。

これに対して消費者は，直接に税金を納付しているわけではありませんが，実質的に500円の税金を負担していることになります。このように，負担する人と納める人が異なる税金のことを，間接税といいます。

納付する税額を計算するためには，記帳の段階で，預かった消費税と支払った消費税の額を把握しておく必要があるため，記帳の際には消費税の取り扱いに注意をしなければなりません。参考までに当社の切るべき仕訳を示しておきます。

当社の仕訳例

商品の購入時

Date	Account Name	Debit	Credit
	Sales Cost（仕入）	7,000	
	C-tax Prepaid（仮払消費税等）	350	
	Account Payable（買掛金）		7,350

商品の販売時

Date	Account Name	Debit	Credit
	Account Receivable（売掛金）	10,500	
	Sales（売上）		10,000
	C-tax Received（仮受消費税等）		500

2　小規模事業者に係る納税義務の免除

(1)　内　　容

　消費税が課せられる売上げが少ない小規模事業者には，納税手続などの負担を軽減するため，消費税の納税を免除することとされています。

(2)　適用対象者

　前々事業年度の消費税が課せられる売上げが1,000万円以下の場合には，納税の義務が免除（免税事業者）となります。

　免税事業者（Tax-exempt enterprise）は消費税を納める義務が免除されているため，本来消費税相当額を受け取る必要がありませんが，取引上の問題から消費税相当額を価格に上乗せして販売していることもあります。その場合，上乗せ分の金額は会社の利益になります。

　記帳の際には，その会社が免税事業者か課税事業者のどちらに該当するかをまず確認する必要があります。前年度が免税事業者であっても，当年度から課

税事業者になることもあるため、事業年度ごとにチェックすることが大切です。

> 前々事業年度の課税売上高＞10,000,000円　∴　納税義務あり
> 前々事業年度の課税売上高≦10,000,000円　∴　納税義務なし

【例題2】

当社の当課税期間（20X9年1月1日～20X9年12月31日）における納税義務の有無を判定してください。

なお（20X7年1月1日～20X7年12月31日）における課税売上高は、15,000,000円、（20X8年1月1日～20X8年12月31日）における課税売上高は、5,000,000円です。

> **ポイント**
>
> 前々事業年度の課税売上高で判定します。
> 　15,000,000円＞10,000,000円　　∴　納税義務あり

3　税込経理（Consumption Tax Inclusive）と税抜経理（Consumption Tax Exclusive）

消費税の経理方法には、税込経理と税抜経理があります。免税事業者は消費税を納める義務がありませんので、税込経理のみ認められています。課税事業者はいずれの経理方法も認められています。

(1)　税込経理

消費税の額とその消費税に係る取引対価の額を区分しないで経理する方法です。個々の取引に係る消費税の額を区分する必要がないため、経理処理の負担が軽減されます。

当社の仕訳例

① 税込み5,250円の商品を掛で仕入れた。

Date	Account Name	Debit	Credit
	Sales Cost（仕入）	5,250	
	Account Payable（買掛金）		5,250

② 税込み10,500円の商品を掛で販売した。

Date	Account Name	Debit	Credit
	Account Receivable（売掛金）	10,500	
	Sales（売上）		10,500

(2) 税抜経理

消費税の額とその消費税に係る取引対価の額を区分して経理する方法です。売上げにより預かった消費税は「仮受消費税等（Consumption Tax Received）」、仕入れにより支払った消費税等は「仮払消費税等（Consumption Tax Prepaid）」として処理されます。したがって，個々の取引に係る消費税の額を区分する必要があります。

(1)と同じ取引を税抜経理で処理すると次のようになります。

①

Date	Account Name	Debit	Credit
	Sales Cost（仕入）	5,000	
	Consumption-tax Prepaid（仮払消費税等）	250	
	Account Payable（買掛金）		5,250

②

Date	Account Name	Debit	Credit
	Account Receivable（売掛金）	10,500	
	Sales（売上）		10,000
	Consumption-tax Received（仮受消費税等）		500

4　国内取引の課税の対象

(1)　どのような取引に対して消費税がかかるのか？
消費税が課税される取引は，**国内取引**と**輸入取引**に大別することができます。ここでは，国内取引について学びます。

(2)　消費税の課税の対象となる国内取引とは
次の4要件のすべてを満たす取引をいいます。
①　国内において行うものであること
②　事業者が事業として行うものであること（法人であれば全ての取引が該当します）
③　対価を得て行うものであること
④　資産の譲渡，資産の貸付け，またはサービスの提供であること

これら4つの要件をすべて満たす取引が，消費税の課税対象となります。それ以外の取引は不課税取引とされ，消費税の課税対象となりません。

> **具体例**
> a．外国人が日本国内で果物を販売する場合には，譲渡される果物が国内に所在しているため国内取引となります。
> b．サラリーマンが乗用車を売却した場合，サラリーマンは事業者ではないため課税対象外となります。
> c．震災地に対する募金は，対価を得て行うものではないため課税対象外となります。
> d．東京都から受けた補助金は，資産の譲渡に伴い受け取る対価と異なるため課税対象外となります。

【例題3】

当社（課税事業者）が行った以下の取引について，消費税の課税対象とされない取引（不課税取引）を選んでください。

(1) アメリカの親会社から仕入れた商品を日本の顧客へ販売した。
(2) 日本の仕入先から仕入れた商品を韓国の顧客へ輸出販売した。
(3) 港区に所有する建物の一室を貸し付けた。
(4) カリフォルニアに所有する建物の一室を貸し付けた。
(5) 経済産業省から研究開発補助金を受けた。

国外での取引である(4)，対価性のない(5)は消費税の課税対象外の取引となります。(2)は，輸出免税取引（後述）。

5　国内取引の非課税

消費税の対象となる取引のうち，消費税として性格上課税の対象としてなじみにくいものや，政策的な配慮から課税することが適当でないものは非課税取引として消費税を課さないこととしています。

(1) 性格上なじみにくいもの

① 土地等の譲渡，貸付け
② 有価証券等・支払手段の譲渡
③ 利子を対価とする金銭の貸付け，保険料を対価とする役務の提供等
④ 郵便切手類，印紙，証紙，物品切手等の譲渡
⑤ 住民票，戸籍抄本等の行政手数料，登記・登録，国際郵便為替などに係る手数料を対価とする役務の提供

(2) 政策的な配慮によるもの

① 社会保険医療などに係る資産の譲渡等
② 社会福祉事業に係る資産の譲渡等

③ 住宅の貸付け

④ その他一定のもの（条文に限定列挙されています）

【例題4】

当社（課税事業者）が行った以下の取引について、課税取引とされるものに○、非課税取引とされるものに×を付けてください。

(1) アメリカの親会社から仕入れた産業用機械を日本の顧客へ販売しました。
　　○
(2) 当社が港区に所有する土地を1年間貸し付けました。
　　×　土地の貸付けは非課税
(3) 当社が港区に所有する建物のオフィスのテナント1室を貸し付けました。
　　○
(4) 当社が港区に所有する住宅用マンションの一室を1年間貸し付けました。
　　×　住宅の貸付けは非課税
(5) 国内の銀行に預け入れている普通預金の利子を受け取りました。
　　×　利子は非課税
(6) 国内にある子会社への貸付金に対する利息を受け取りました。
　　×　利子は非課税

6　国内取引の輸出免税（Export Exemption）等

消費税は、国内において消費される商品やサービスについて負担を求めることを建前としているため、海外で消費されるものなどに課税するのは適当ではありません。また、輸出される物品等については、多くの場合、物品やサービスが消費される国において消費税と同様の税が課されます。日本と外国の両方で二重に課税されることを防ぐため、輸出される物品や国内と国外との間で行われる荷役、運送、通信などのサービスの提供などについては、日本において税負担がかからないよう調整しています。

輸出取引等として消費税が免税となる取引には主として次のようなものがあります。
(1) 国内からの輸出として行われる資産の譲渡又は貸付け
(2) 外国貨物の譲渡又は貸付け
(3) 国内と国外にわたって行われる旅客もしくは貨物の輸送，通信，郵便
(4) 非居住者（外国人・外国法人）に対して行われる役務の提供で一定のもの

7　輸入取引の課税の対象

輸入取引では，外国から輸入される貨物が原則として日本で消費されるため，輸入の段階で消費税を課税することになっています。具体的には，保税地域（港湾施設や税関長が許可する倉庫など，外国貨物の保管・加工・製造・展示・運送等を許可する場所）から引き取られる外国貨物が消費税の課税対象となります。

輸入取引は，保税地域から引き取られる外国貨物のすべてが課税の対象となるため，国内取引のように「事業として」，「対価を得て」行われるものに限定されません。

以上をまとめると，次のようになります。

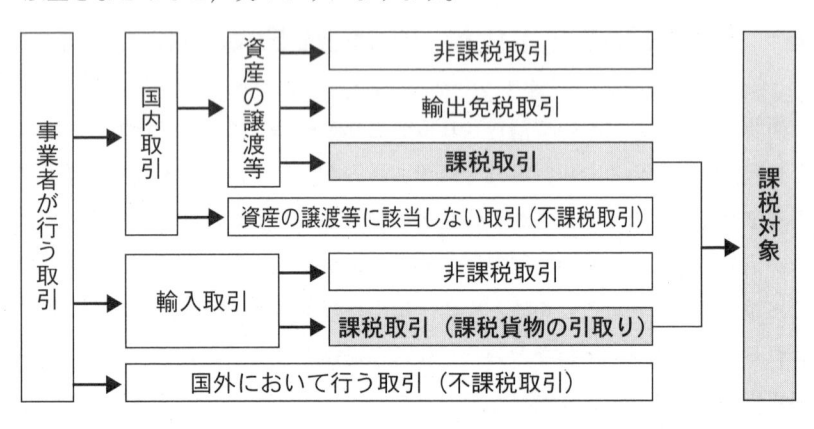

事業者が行う取引				課税対象
	国内取引	資産の譲渡等	非課税取引	
			輸出免税取引	
			課税取引	
		資産の譲渡等に該当しない取引（不課税取引）		
	輸入取引		非課税取引	
			課税取引（課税貨物の引取り）	
	国外において行う取引（不課税取引）			

第4章 消費税

8 売上げに係る取引の記帳方法

　不課税取引（課税対象外取引），非課税取引，輸出免税取引，課税取引に分けて記帳します。不課税取引，非課税取引及び輸出免税取引はいずれも消費税がかかりませんが，最終的な納付税額を算出するための重要な要素となりますので，正しく分類する必要があります。

【例題5】

　当社（課税事業者・税抜経理）が行った以下の取引について，仕訳を切って下さい。
　(1)　アメリカの親会社から仕入れた商品を日本の顧客へ100,000円で掛販売しました。
　(2)　日本で仕入れた商品をアメリカの親会社へ100,000円で掛販売しました。
　(3)　国内の銀行に預け入れている普通預金100,000円に係る利息300円を受け取りました。
　(4)　国内の銀行に預け入れている外貨預金10,000米ドルに係る利息100米ドルを受け取りました（1米ドル100円）。
　(5)　売掛金100,000円を国内の債権回収会社へ95,000円で譲渡し，銀行振込により受け取りました（債権譲渡損はOther Lossで処理）。
　(6)　港区に保有する住宅用マンションの一室を1年間貸し付け，対価として12,000,000円を銀行振込により受け取りました。
　(7)　港区に保有する土地100,000,000円を国内の業者に90,000,000円で譲渡し，銀行振込により受け取りました（土地売却損はLoss on Sale of Assetsで処理）。

	Account name	Debit	Credit	Description
1	Account receivable	100,000		Sales/Domestic
	Sales		95,239	
	C-Tax received		4,761	
2	Account receivable	100,000		Sales/Intercompany-US
	Sales（免）		100,000	
3	Saving account	300		Bank Interest
	Interest received（非）		300	
4	Saving account	10,000		Bank Interest
	Interest received（非）		10,000	
5	Saving account	95,000		Transfer of Receivables
	Other Loss	5,000		
	Account receivable（非）		95,000	
	Account receivable		5,000	
6	Saving account	12,000,000		Rent Revenue
	Rent revenue（非）		12,000,000	
7	Saving account	90,000,000		Handover of Land
	Loss on sale of assets	10,000,000		
	Land（非）		90,000,000	
	Land		10,000,000	

（注） 預金の利息には，源泉所得税が発生しますが，本問では便宜的に省略して仕訳を切っています。

9 仕入税額控除

　ここまで，「売上げにより預かった消費税」についてみてきました。前述の通り，事業者が納める消費税は，「売上げにより預かった消費税」から「仕入

第4章　消　費　税

れにより支払った消費税」を控除することにより計算されます。「仕入れにより支払った消費税」を控除することを，「仕入税額控除」といいます。ここからは「仕入れにより支払った消費税」についてみていきます。消費税の支払いを伴う取引は，課税仕入れに係るものと，課税貨物の引取りに係るものに分かれます。

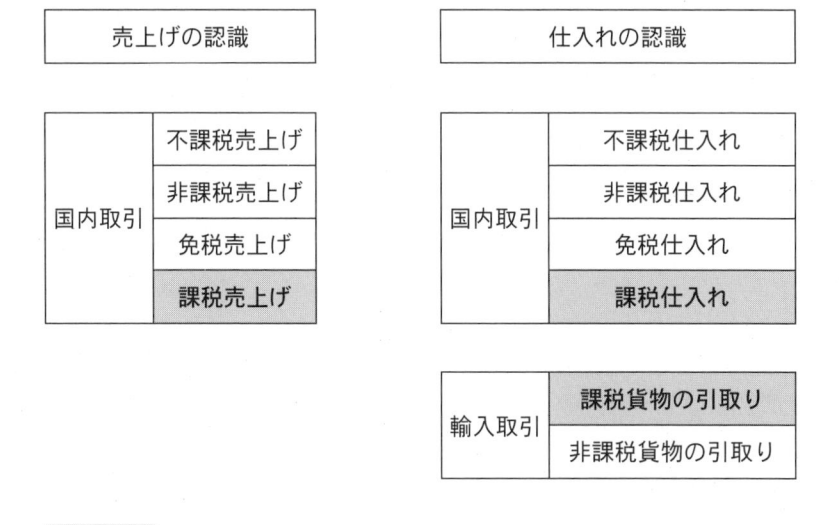

売上げの認識		仕入れの認識	
国内取引	不課税売上げ	国内取引	不課税仕入れ
	非課税売上げ		非課税仕入れ
	免税売上げ		免税仕入れ
	課税売上げ		**課税仕入れ**
		輸入取引	**課税貨物の引取り**
			非課税貨物の引取り

■　5％の消費税が課税される取引

(1) 課税仕入れ

仕入れとは，商品の購入や外注費の支払いなど売上原価に関するものだけではなく，販売管理費に該当する経費の支払いや建物等の資産の購入等，すべての支出を指しています。そのうち，国内取引の4要件のすべてを満たし，かつ，非課税取引に該当しないものを，「課税仕入れ」とし，「支払った消費税」の計算の基礎となります。つまり，相手方にとって課税売上げとなる取引が，課税仕入れに該当することになります。

課税仕入れに該当するかどうかは，取引ごとに判定する必要がありますが，頻繁に出てくる取引を参考までに例示しておきます。

【人件費等】

会社役員や従業員，パート，アルバイトに対して支払われる給与，賞与及び退職金は，課税仕入れになりません。

役員報酬・賞与・退職金	不課税	通勤手当	課　税
従業員給与・賞与・退職金	不課税	通勤手当以外の各種手当	不課税
アルバイト・パートの給与	不課税	健康診断の費用	課　税
社会保険料・労働保険料	非課税	見舞金・結婚祝い金	不課税
人材派遣料	課　税	国内出張に係る日当	課　税

【旅費交通費】

旅費交通費のうち，海外出張での宿泊や交通費（海外分）は課税仕入れになりません。

電車・バス代	課　税	宿泊費	課　税
タクシー代	課　税	海外での宿泊・交通費・食事代	不課税
国際線航空券（燃料サーチャージ等含む）	免　税	国内の空港の施設使用料	課　税

【広告宣伝費】

広告料	課　税	カタログ・チラシ・ポスター制作費	課　税

【通信費】

通信費のうち，国際電話料金や国際郵便料金は課税仕入れになりません。

電話代（国内分）	課　税	国際郵便，国際宅配便	免　税
郵便代，宅配便代	課　税	国際電話代	免　税

第4章 消費税

【水道光熱費】

水道代	課　税	ガス代	課　税
電気代	課　税	灯油代	課　税

【接待交際費】

接待飲食代	課　税	香典・ご祝儀等の現金による慶弔費	不課税
贈答用商品券の購入	非課税	寄付金	不課税

【支払保険料】

会社が負担する生命保険料や火災保険，損害保険料等は課税仕入れになりません。ただし，保険料が従業員の給与となる場合には，不課税取引です。

火災保険料	非課税	役員の生命保険料	非課税
損害保険料	非課税		

【支払手数料】

税理士，弁護士，公認会計士，司法書士等に支払う報酬については，その支払額（源泉所得税控除前の金額）が課税仕入れになります。

税理士・弁護士への報酬	課　税	行政証明手数料	非課税
振込手数料（国内）	課　税	外貨両替手数料	非課税

【会　費】

クレジットカードの年会費	課　税	情報提供を受けるために会員となる場合の入会金や会費	課　税
同業者団体・組合の会費	不課税	フランチャイズ加盟料	課　税

【地代家賃】

店舗用家賃	課　税	店舗共益費	課　税
駐車場	課　税	住宅の家賃	非課税
ウィークリーマンションの家賃	課　税		

【租税公課】

法人税，住民税，消費税，自動車税，印紙税などは課税仕入れになりません。

法人税	不課税	消費税	不課税
事業税	不課税	印紙税	非課税

【その他】

減価償却費の計上	不課税	貸倒引当金繰入	不課税
建物，機械，備品，車両の購入	課　税	土地の購入	非課税

【例題６】

当社（課税事業者）が行った以下の取引について，課税仕入れとされるものに○，課税仕入れとされないものに×を付けてください。なお，与えられた取引は全て対価を支払っており，特に指示があるものを除き，国内において行われています。

(1) アメリカの親会社から商品を仕入れました。
(2) アメリカの親会社に経営マネジメント料を支払いました。
(3) 社員に給与を支給しました。
(4) 社員に通勤費を支給しました。
(5) 派遣会社へ，人材派遣料を支払いました。
(6) 電話料金（国内通話分）を支払いました。
(7) 電話料金（国際通話分）を支払いました。

第4章 消費税

(8)　オフィスの家賃を支払いました。
(9)　水道代を支払いました。
(10)　固定資産税を納付しました。
(11)　切手を購入しました。
(12)　パソコンを購入しました。
(13)　国内送金手数料を支払いました。
(14)　外国送金手数料を支払いました。
(15)　災害義捐金を日本ユニセフ協会に寄付しました。
(16)　得意先への贈答品を購入しました。
(17)　得意先の社長が亡くなったため，香典代を支払いました。
(18)　成田空港までの交通費を支払いました。
(19)　国際線航空券の代金を支払いました。
(20)　成田空港の施設使用料を支払いました。
(21)　海外旅行傷害保険の保険料を支払いました。
(22)　円から米ドルへの両替手数料を支払いました。
(23)　アメリカでホテルに宿泊し，宿泊代を支払いました。

答え：

(1)× (2)× (3)× (4)○ (5)○ (6)○ (7)× (8)○ (9)○ (10)× (11)×(注)
(12)○ (13)○ (14)× (15)× (16)○ (17)× (18)○ (19)× (20)○ (21)× (22)×
(23)×

(注)　継続適用を要件として，購入時に課税仕入れとして処理することができます。

(2)　輸入取引

保税地域から課税貨物を引き取るときに支払った消費税額を「支払った消費税」とします。実務上は，ＵＰＳやFedExなどのフォワーダー（乙仲）が手続きを行うため，フォワーダーから送付される書類を参考にして，仕訳を切ることになります。

記帳方法は課税仕入れとそれ以外とに区分して取引を記載します。輸入仕入

れの場合は多くの場合運送業者から受領する書類に基づいて，消費税等を輸入仕入国税分と地方税分に分けて記帳します。

例）下記のフォワーダーからの請求書を普通預金から支払いました。

```
国際運送費            100,000
関税                   70,000
輸入消費税（国税）      40,000
    （地方消費税）      10,000
    合計              220,000  円
```

（仕訳）

Date	Account Name	Debit	Credit
	Sales Cost	100,000	
	Sales Cost	70,000	
	C-tax Prepaid（輸入消費税）	40,000	
	C-tax Prepaid（地方消費税）	10,000	
	Saving Account（預金）		220,000

10 消費税額の計算

　原則として，売上げに係る消費税額から，課税仕入れに係る消費税と輸入消費税の合計額を控除して，消費税額を計算します。

　しかし，全体の売上げに占める非課税売上げの割合が5％を超える場合（課税売上割合が95％未満の場合）には全額を控除することができません。具体的には，下記の算式により判定します。

第4章 消費税

$$課税売上割合＝\frac{（課税売上高＋免税売上高）}{（非課税売上高＋課税売上高＋免税売上高）}$$

　消費税がかからない取引でも，不課税，非課税，免税のうち，どの区分に該当するかによってこの課税売上割合が変わってくるため，適正に区分することが大切です。申告時に行う具体的な税額の計算方法につきましては，ここでは省略します。

11　簡易課税制度の概要

　前々事業年度の課税売上高等が5,000万円以下の中小事業者については納税にかかる事務の負担を軽減するという観点から，一定の届出書を提出することにより控除対象仕入税額を簡易な方法で計算することが認められています。

(1)　適用を受けるための要件
① 「前々事業年度の課税売上高等（税抜金額）」が5,000万円以下であること
② 適用を受ける事業年度開始の前日までに「簡易課税制度選択届出書」を税務署に提出していること

(2)　計算方法

> 控除対象仕入税額＝純売上げに係る消費税×みなし仕入率

　みなし仕入率は業種ごとに異なり，90％から50％の間で法定されています。

12　会計帳簿と請求書等の保存

　上述のように，消費税額は預かった消費税から支払った消費税を控除することによって算出します。原則として，支払った消費税を控除するためには，帳

簿と請求書等を消費税の確定申告期限から7年間保存することが義務付けられています。帳簿への記載や請求書等の保存をしていない場合，支払った消費税を控除することができず，結果として納付税額が多くなる場合があるので注意が必要です。

(1) 帳　　簿

会計帳簿に記載すべき内容は，以下の通りです。

① 課税仕入れの相手方の名前
② 取引日
③ 購入した商品やサービスの内容
④ 金　額

(2) 請　求　書　等

請求書や納品書などで，課税仕入れの相手先が作成するものをいいます。請求書等に記載すべき内容は，以下の通りです。

① 請求書等の作成者の名称
② 課税仕入れの年月日
③ 課税仕入れの内容
④ 課税仕入れの金額
⑤ 書類の交付を受ける事業者の名称

(3) 帳簿のみの保存でよい場合

① 少額な場合

課税仕入れに係る支払対価の合計額が1つの取引単位で3万円未満である場合などには，請求書等の保存は不要とされているため，帳簿のみの保存でよいことになります。ただし，内部統制の観点から，3万円未満であっても請求書等を保存している会社が多いようです。

② やむを得ない事情がある場合

やむを得ない事情により請求書等をもらわなかった場合にも，①の場合と同様に帳簿のみの保存でよいこととされています。自動販売機を利用した場合や，回収されてしまう電車の切符などがこれに該当します。

13　消費税等の納付

　消費税を納める義務のある事業者は，事業年度終了の日の翌日から２月以内に納税地の所轄税務署長に申告書を提出し，申告書に記載した消費税と地方消費税をまとめて納付しなければなりません。会社が12月決算の場合には，２月末までに申告書の提出と税金の納付を行うことになります。

　この他に，前事業年度の差引消費税額（売上げに係る消費税額から仕入れに係る消費税額を控除した金額）に応じて，中間納付を行う必要があります。

前事業年度の差引消費税額	48万円以下（60万円以下）	48万円超（60万円超）	400万円超（500万円超）	4,800万円超（6,000万円超）
中間申告の回数	不要	年１回	年３回	年11回

（かっこ書は地方消費税込の税額となります）

　消費税の中間納付は年１回から11回で，上記の通り前事業年度の納付消費税額に応じて納付回数と時期が決められており，消費税と地方消費税をまとめて納付することになっています。前事業年度の消費税額が48万円超の場合，事業年度の途中には消費税の納付を行う必要があります。税務署から納付額の記載された納付書が送られてくるので，期限までに納付する必要があります。

　消費税の中間納付を行った場合には，納付時の日付で，下記の仕訳を切ることになります。

　　　Dr) C-tax Prepaid（仮払消費税）　　　xx
　　　　　Cr) Cash（現金）　　　　　　xx

【例題7】

当社(課税事業者・税抜経理)が行った以下の取引について仕訳を作成して下さい。

消費税の中間納付234,500円を普通預金から支払いました。

Date	Account Name	Debit	Credit
	C-tax Prepaid(仮払消費税)	234,500	
	Saving Account (預金)		234,500

【演習問題】

当社(課税事業者・税抜経理)が行った以下の取引について,仕訳を作成してください。

(1) アメリカの親会社から商品90,000円を掛で仕入れました。

(2) アメリカの親会社から仕入れた商品に関して,輸入代行業者から13,000円の請求書(内訳:運送料3,000円,関税7,000円,輸入消費税2,400円,輸入地方消費税600円)を受け取り,小口現金から支払いを行いました。

(3) アメリカの親会社に経営マネジメント料100,000円を銀行振込で支払い,海外送金手数料7,000円が同時に口座から引き落とされました。

(4) 社員に給与300,000円と電車通勤費8,000を支給しました(預り金は考慮する必要はありません)。

(5) 派遣会社へ,人材派遣料315,000円を銀行振込で支払いました。

(6) 電話料金10,000円(国内通話8,000円,国際通話2,000円)を小口現金から支払いました。

(7) オフィスの家賃1,000,000円を銀行振込で支払いました。

(8) 電気代15,000,ガス代3,000円が口座から引き落とされました。

(9) 固定資産税50,000円を現金で納付しました。

(10) 切手5,250円を郵便局で現金購入しました。

(11) パソコン315,000円を購入し,銀行振込により支払いました。

⑿　災害義捐金100,000円を日本ユニセフ協会に現金で寄付しました。

⒀　事務用品3,150円を現金で購入しました。

⒁　国際線航空券150,000円（内訳：航空券代103,000円，燃料サーチャージ30,000円，現地空港出入国税等8,000円，成田空港施設使用料2,040円，海外旅行傷害保険料6,960円）を購入し，銀行振込により支払いました。

⒂　従業員から国内出張の立替経費請求書を受領し，銀行振込により支払いました（内訳：交通費50,000円，日当10,000円，ホテル代30,000円）。

⒃　従業員から海外出張の立替経費請求書を受領し，銀行振込により支払いました（内訳：東京・成田間の往復交通費5,800円，現地ホテル代600ユーロ，現地タクシー代100ユーロ，現地滞在分の日当25,000円）（1ユーロ160円）。

(解答用紙)

問題	総勘定科目名 借方	税抜金額	消費税

第4章 消費税

総勘定科目名	税抜金額	消費税	摘　　要
貸	方		

【解　答】

問題	総勘定科目名	税抜金額	消費税
	借	方	
1	Sales Cost	90,000	0
2	Sales Cost	3,000	0
	Sales Cost	7,000	0
	C-tax prepaid（輸）	0	2,400
	C-tax prepaid（地）	0	600
3	Headquarter charges	100,000	0
	Bank charges	7,000	0
4	Salary	300,000	0
	Travel（仕）	7,620	380
5	Outside service（仕）	300,000	15,000
6	Telephone（仕）	7,620	380
	Telephone	2,000	0
7	Rent（仕）	952,381	47,619
8	Utilities（仕）	14,286	714
	Utilities（仕）	2,858	142
9	Tax & Dues	50,000	0
10	Postage（仕）	5,000	250
11	Office & Computer（仕）	300,000	15,000
12	Donation	100,000	0
13	Office supply（仕）	3,000	150
14	Travel	141,000	0
	Travel（仕）	1,943	97
	Insurance	6,960	0
15	Travel（仕）	47,620	2,380
	Travel（仕）	9,524	476
	Travel（仕）	28,572	1,428
16	Travel（仕）	5,524	276
	Travel	96,000	0
	Travel	16,000	0
	Travel	25,000	0

第4章 消 費 税

総勘定科目名	税抜金額	消費税	摘要
貸	方		
I/C payable	90,000	0	Sales Cost/Intercompany-US
Petty cash	13,000	0	Courier/Sales Cost
			Import Duty/Sales Cost
			Import C-Tax(National)
			Import C-Tax(Local)
Saving account	107,000	0	Headquarter Management Charge
			Bank Charge
Saving account	308,000	0	Employee Salary
			Commutation
Saving account	315,000	0	Outside Service/Temp Staff
Petty cash	10,000	0	Telephone/Domestic Call
			Telephone/International Call
Saving account	1,000,000	0	Office Rent
Saving account	18,000	0	Electricity
			Gas
Petty cash	50,000	0	Property Tax
Petty cash	5,250	0	Postage
Saving account	315,000	0	Computer
Petty cash	100,000	0	UNICEF/Donation
Petty cash	3,150	0	Office Supplies
Saving account	150,000	0	Travel/Airfare
			Travel/Narita Airport Facility Charge
			Travel Insurance
Saving account	90,000	0	Reimbursement/Employees/Transportation
			Reimbursement/Employees/Per-diem
			Reimbursement/Employees/Lodging
Saving account	142,800	0	Reimbursement/Employees/Transportation
			Reimbursement/Employees/Lodging
			Reimbursement/Employees/Transportation
			Reimbursement/Employees/Per-diem

第5章 源泉所得税
CHAPTER 5 （Withholding Income Tax）

1 源泉徴収制度（Withholding Tax System）の仕組み
2 源泉徴収の対象となる所得（Income Subject to Withholding Income Tax）
3 源泉税の仕訳
4 源泉税額の計算
5 納付書（Tax Payment Slip）の記入方法
6 源泉税の納付期限（Due date）
7 法定調書（Withholding Tax Report）の概要

本章で学ぶこと

　第5章では，源泉徴収制度の内容を理解し，源泉徴収の対象となる所得を区分できるように学習します。また具体的に納付書の記載方法なども確認していきます。

1　源泉徴収制度(Withholding Tax System)の仕組み

　所得税は原則として，納税者がその年に稼いだ所得に対する税額を計算して納付します（これを「申告納税制度」といいます）。
　しかし，特定の所得については，その所得を支払う者が，支払時に所定の方法で税金（所得税）を計算し，その税額を支払う金額からあらかじめ差し引く「源泉徴収制度」が採用されています。
　源泉徴収の対象となる所得を支払う者は「源泉徴収義務者」と呼ばれます。源泉徴収義務者は原則として，その支払時に源泉徴収を行う必要があります。
　源泉徴収は支払いが確定した日ではなく，現実に支払いがなされた日に行います。また，差し引かれた源泉所得税は，所得の支払者（＝源泉税を所得から差し引いた者）によって税務署に納付されます。
　源泉徴収された税額は，いわば税金の仮納付なので，最終的にはその年の年末調整や確定申告により精算されます。

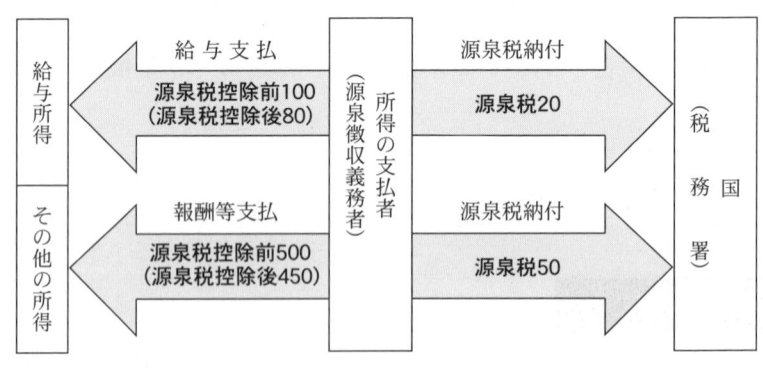

【図1】　源泉徴収制度の仕組み

給与所得	給与支払 源泉税控除前100 （源泉税控除後80）	所得の支払者 （源泉徴収義務者）	源泉税納付 源泉税20	税務署
その他の所得	報酬等支払 源泉税控除前500 （源泉税控除後450）		源泉税納付 源泉税50	

【例題1】
　源泉徴収の典型的なケースが，サラリーマンに対する給与の支払いです。
　以下の源泉徴収票を見て，次の問いに答えて下さい。

① この給与支払いの源泉徴収義務者は誰ですか？
② 源泉徴収税額はいくらですか？

【図表】　給与所得の源泉徴収票

平成21年分　給与所得の源泉徴収票				
支払を受ける者　住所又は居所	トウキョウト　チヨダク　オオテマチ　1-3		(受給者番号)	
			(フリガナ)　タナカ　タロウ	
			(役職名)　**田中太郎**	
種別	支払金額	給与所得控除後の金額	所得控除の額の合計額	源泉徴収税額
キュウヨ ショウヨ	4,884,924	3,367,200	1,531,780	91,700

控除対象配偶者の有無等	配偶者特別控除の額	扶養親族の数（配偶者を除く）			障害者の数（本人を除く）		社会保険料等の金額	生命保険料の控除額	地震保険料の控除額	住宅借入金等特別控除の額
		特定	老人	その他	特別	その他				
				1			671,780			

(摘要)住宅借入金等特別控除可能額　　円	国民年金保険料等の金額　　円	配偶者の合計所得	千　円
		個人年金保険料の金額	千　円
		旧長期損害保険料の金額	千　円

未成年者	乙欄	本人が障害者		寡婦		寡夫	勤労学生	死亡退職	災害者	外国人	中途就・退職				受給者生年月日			
		特別	その他	一般	特別						就職	退職	年	月	日	明 大 昭 平	年	月	日
										*						*	32	8	9

支払者	住所（居所）又は所在地	東京都港区六本木6－10－1
	氏名又は名称	ＡＢＣ株式会社　　　　　（電話）
整理欄	①	②

源泉徴収義務者　　ＡＢＣ株式会社
源泉徴収税額　　　91,700円

2　源泉徴収の対象となる所得（Income Subject to Withholding Income Tax）

　源泉徴収の対象となる所得の範囲は広く，給与所得以外にも，利子・配当，弁護士・税理士などへの報酬も対象となります。源泉徴収の対象となる所得の範囲は，支払いを受ける者の属性（個人か法人か，居住者か非居住者か）に応じて異なります。
　実務においてはまず，「個人（居住者）」に対する支払いについて理解することが重要です（次表参照）。

【図表】 源泉徴収の対象となる主な所得

支払を受ける者	源泉徴収の対象となる所得	
居住者（国内に住所を有する個人又は現在まで引き続き1年以上居所を有する個人）	① 利 子 等	・公社債や預貯金の利子 ・公社債投信の収益の分配
	② 配 当 等	・株式などから生じる配当金
	③ 給 与 等	・給料・賃金・賞与など
	④ 退職手当等	・退職金など
	⑤ 公的年金等	・国民年金，厚生年金からの支給額
	⑥ 報酬・料金等	・次に掲げる報酬・料金・契約金・賞金など (1) 原稿料，デザイン料，講演料，工業使用権の使用料 (2) 弁護士・公認会計士・税理士等の報酬・料金 (3) 外交員・プロ野球選手・プロサッカー選手等の報酬・料金 (4) 芸能・ラジオ放送およびテレビ放送の出演・演出などの報酬・料金
内国法人（国内に本店又は主たる事務所を有する法人）	① 利 子 等	・公社債や預貯金の利子 ・公社債投信の収益の分配
	② 配 当 等	・株式などから生じる配当金
非居住者（居住者以外の個人）及び外国法人（内国法人以外の法人）	① 国内源泉所得	・土地などの譲渡による対価 ・役務提供の対価 ・利子，配当，貸付金の利子 ・工業所有権，著作権等の使用料又は譲渡の対価 ・給与その他人的役務の提供に対する報酬，公的年金等，退職手当等（非居住者のみ）

＊ 注意：弁護士・公認会計士・税理士など報酬の支払いを受ける者が，個人でなく法人（弁護士法人・監査法人・税理士法人等）である場合，源泉徴収の必要はありません。

3 源泉税の仕訳

源泉徴収時の仕訳と，納付時の基本的な仕訳は下記の通りです。

所得の支払時に源泉税を預かり金（Withholding Tax Payable, Deposits Received等）として負債計上し，納付時に負債勘定を取り崩します。

(1) 源泉徴収時の仕訳例

◎給与支払いのケース

Date	Account Name	Debit	Credit
--/--/--	Salaries expense	300,000	
	ABC Bank		290,000
	Deposit received (W/H income tax)		10,000

※ 実際には，源泉税以外にも控除される項目があります（社会保険料など）。

◎会計士／弁護士（個人）への報酬支払いのケース

Date	Account Name	Debit	Credit
--/--/--	Accounting and Legal Fees	200,000	
	ABC Bank		180,000
	Deposit received (W/H income tax)		20,000

(2) 納付時の仕訳

Date	Account Name	Debit	Credit
--/--/--	Deposit received(W/H income tax)	30,000	
	ABC Bank		30,000

【例題2】

以下の給与データをもとに，給与支払時（ABC Bank より支払い）の仕訳を切って下さい。

	David	Sarah	Taro	Total
Salaries	500,000	350,000	280,000	1,130,000
W/H Income Tax	15,000	9,000	7,500	31,500
Net Salaries	485,000	341,000	272,500	1,098,500

Date	Account Name	Debit	Credit
--/--/--	Salaries	1,130,000	
	ABC Bank		1,098,500
	Deposit received (W/H income tax)		31,500

【例題3】

弁護士に対して150,000円の報酬をABC Bank より支払いました（源泉徴収税額は15,000円）。支払時の仕訳を切って下さい。

Date	Account Name	Debit	Credit
--/--/--	Accounting and Legal Fees	150,000	
	ABC Bank		135,000
	Deposit received (W/H income tax)		15,000

【例題4】

例題2・3で支払った給与・報酬について源泉税をABC Bank より納付しました。納付時の仕訳を切って下さい。

第5章　源泉所得税

Date	Account Name	Debit	Credit
--/--/--	Deposit received(W/H income tax)	46,500	
	ABC Bank		46,500

(3) 源泉された所得税の仕訳

預貯金の利子や配当金等は源泉徴収の対象となります。

例えば，預金通帳に「利息1,200円」と記帳されている場合，1,500円の利息から300円（源泉税率20％）の所得税が源泉された残額が入金されていることになります。

源泉徴収された所得税は，法人税の前払いとみなされ，確定申告時に納付する法人税額から控除することができます。

【図表】　利子・配当金等の源泉税率

区　　分		源泉税率（法人）
利息等	預貯金・公社債等	国税（所得税）15％＋地方税（利子割）5％
配当金等	上場株式等＊	所得税7％　住民税3％（平成23年12月31日まで）
	未上場等株式	所得税20％

＊持ち株割合5％以上の株主を除く。

仕訳は以下の通りとなります。

◎利息等（預貯金利息のケース）

Date	Account Name	Debit	Credit
--/--/--	ABC Bank	1,200	
	Taxes and Dues (National Tax)	225	
	Taxes and Dues (Local Tax)	75	
	Interest Income		1,500

◎配当金等（上場株式のケース）

Date	Account Name	Debit	Credit
--/--/--	ABC Bank	4,650	
	Taxes and Dues (National Tax)	350	
	Dividend Income		5,000

【例題5】
20x9年2月18日に2,000円の預金利息がABC Bankに入金されていました。この場合の仕訳を切って下さい。

Date	Account Name	Debit	Credit
20x9/02/18	ABC Bank	2,000	
	Taxes and Dues (National Tax)	375	
	Taxes and Dues(Local Tax)	125	
	Interest Income		2,500

4　源泉税額の計算

(1)　給与・賞与に対する源泉所得税額

　給与・賞与に対する源泉所得税は，「源泉徴収税額表」に基づいて算出します。「源泉徴収税額表」は，給与の支払形態に応じて3種類（①月額表・②日額表・③賞与に対する源泉徴収税額の算出率）あります。
　ここでは，月払いの給与について使用する「①月額表」と賞与支払いの際に使用する「③賞与に対する源泉徴収税額の算出率の表」の見方について解説します。

◎源泉徴収税額表（月額表）
　月額表は，「社会保険料控除後の給与の金額」と「扶養親族等の数」に応じて税額を求める仕組みになっています。

また、「給与所得者の扶養控除等申告書*」の提出の有無により使用する欄が異なり、同申告書が提出されている場合は「甲欄」、提出がされていない場合は「乙欄」を使用します。

なお、給与ソフト等で給与計算を行っている場合、月額表の「甲欄」については特例として、月額表によらず、簡易な機械計算によって税額を算出することが認められています。

* 「扶養控除等申告書」は、1人の受給者に対して1つの事業所のみに対して提出が認められているので、2か所以上から給与を受けている場合は、そのうちの主たる給与の支払先に提出することになっています。この申告書を提出していない事業所から受け取る給与については「甲欄」が適用されず、税額の多い「乙欄」が適用されます。

◎ 賞与に対する源泉徴収税額の算出率の表

賞与の源泉徴収税額は、「前月の社会保険料控除後の給与等の金額」と「扶養親族等の数」を使って税率を求め、その税率を賞与の金額に乗じます。「甲欄」「乙欄」については、給与所得の場合と同じです。

【例題6】

以下の従業員の源泉徴収税額を、「給与所得の源泉徴収税額表（月額表)」を使って求めて下さい。

・ 社会保険料控除後の給与等の金額は200,000円です。
・ 配偶者（扶養）が一人います。
・ 「扶養控除等申告書」を提出しています。

答え：3,080円

【図表】 給与所得の源泉徴収税額表

給与所得の源泉徴収税額表（平成21年4月以降分）

（月額表……所得税法別表第二）

その月の社会保険料等控除後の給与等の金額		甲								乙
		扶 養 親 族 等 の 数								
		0人	1人	2人	3人	4人	5人	6人	7人	
以 上	未 満	税　額								税　額
円	円	円	円	円	円	円	円	円	円	円
88,000円未満		0	0	0	0	0	0	0	0	その月の社会保険料等控除後の給与等の金額の3%に相当する金額
88,000	89,000	130	0	0	0	0	0	0	0	3,100
89,000	90,000	180	0	0	0	0	0	0	0	3,100
90,000	91,000	230	0	0	0	0	0	0	0	3,100
91,000	92,000	280	0	0	0	0	0	0	0	3,100
92,000	93,000	330	0	0	0	0	0	0	0	3,200
93,000	94,000	380	0	0	0	0	0	0	0	3,200
94,000	95,000	430	0	0	0	0	0	0	0	3,200
95,000	96,000	480	0	0	0	0	0	0	0	3,300
96,000	97,000	530	0	0	0	0	0	0	0	3,300
97,000	98,000	580	0	0	0	0	0	0	0	3,400
98,000	99,000	630	0	0	0	0	0	0	0	3,400
99,000	101,000	710	0	0	0	0	0	0	0	3,500
101,000	103,000	810	0	0	0	0	0	0	0	3,500
103,000	105,000	910	0	0	0	0	0	0	0	3,600
105,000	107,000	1,010	0	0	0	0	0	0	0	3,700
107,000	109,000	1,110	0	0	0	0	0	0	0	3,700
109,000	111,000	1,210	0	0	0	0	0	0	0	3,800
111,000	113,000	1,310	0	0	0	0	0	0	0	3,900
113,000	115,000	1,410	0	0	0	0	0	0	0	4,000
115,000	117,000	1,510	0	0	0	0	0	0	0	4,000
117,000	119,000	1,610	0	0	0	0	0	0	0	4,100
119,000	121,000	1,710	120	0	0	0	0	0	0	4,200
121,000	123,000	1,810	220	0	0	0	0	0	0	4,400
123,000	125,000	1,910	320	0	0	0	0	0	0	4,700
125,000	127,000	2,010	420	0	0	0	0	0	0	5,000
127,000	129,000	2,110	520	0	0	0	0	0	0	5,300
129,000	131,000	2,210	620	0	0	0	0	0	0	5,600
131,000	133,000	2,310	720	0	0	0	0	0	0	5,900
133,000	135,000	2,410	820	0	0	0	0	0	0	6,200
135,000	137,000	2,500	910	0	0	0	0	0	0	6,500
137,000	139,000	2,560	970	0	0	0	0	0	0	6,700
139,000	141,000	2,620	1,030	0	0	0	0	0	0	7,000
141,000	143,000	2,680	1,090	0	0	0	0	0	0	7,300
143,000	145,000	2,740	1,150	0	0	0	0	0	0	7,600
145,000	147,000	2,800	1,210	0	0	0	0	0	0	7,900
147,000	149,000	2,860	1,270	0	0	0	0	0	0	8,200
149,000	151,000	2,920	1,330	0	0	0	0	0	0	8,500
151,000	153,000	2,990	1,400	0	0	0	0	0	0	8,800
153,000	155,000	3,060	1,470	0	0	0	0	0	0	9,100
155,000	157,000	3,130	1,540	0	0	0	0	0	0	9,400
157,000	159,000	3,200	1,610	0	0	0	0	0	0	9,700
159,000	161,000	3,270	1,680	100	0	0	0	0	0	10,000
161,000	163,000	3,340	1,750	170	0	0	0	0	0	10,300
163,000	165,000	3,410	1,820	240	0	0	0	0	0	10,600
165,000	167,000	3,480	1,890	310	0	0	0	0	0	10,900
167,000	169,000	3,550	1,960	380	0	0	0	0	0	11,200
169,000	171,000	3,620	2,030	450	0	0	0	0	0	11,500
171,000	173,000	3,690	2,100	520	0	0	0	0	0	11,800
173,000	175,000	3,760	2,170	590	0	0	0	0	0	12,100
175,000	177,000	3,830	2,240	660	0	0	0	0	0	12,400
177,000	179,000	3,900	2,310	730	0	0	0	0	0	12,900
179,000	181,000	3,970	2,380	800	0	0	0	0	0	13,600
181,000	183,000	4,040	2,450	870	0	0	0	0	0	14,300
183,000	185,000	4,110	2,520	940	0	0	0	0	0	15,000
185,000	187,000	4,180	2,590	1,010	0	0	0	0	0	15,700

第5章　源泉所得税

その月の社会保険料等控除後の給与等の金額		甲							乙
		扶　養　親　族　等　の　数							
		0 人	1 人	2 人	3 人	4 人	5 人	6 人	7 人	
以　上	未　満	税　　　　　額							税　額
円	円	円	円	円	円	円	円	円	円	円
187,000	189,000	4,250	2,660	1,080	0	0	0	0	0	16,400
189,000	191,000	4,320	2,730	1,150	0	0	0	0	0	17,100
191,000	193,000	4,390	2,800	1,220	0	0	0	0	0	17,700
193,000	195,000	4,460	2,870	1,290	0	0	0	0	0	18,400
195,000	197,000	4,530	2,940	1,360	0	0	0	0	0	19,100
197,000	199,000	4,600	3,010	1,430	0	0	0	0	0	19,800
199,000	201,000	4,670	3,080	1,500	0	0	0	0	0	20,500
201,000	203,000	4,740	3,150	1,570	0	0	0	0	0	21,100
203,000	205,000	4,810	3,220	1,640	0	0	0	0	0	21,700
205,000	207,000	4,880	3,290	1,710	130	0	0	0	0	22,200
207,000	209,000	4,950	3,360	1,780	200	0	0	0	0	22,800
209,000	211,000	5,020	3,430	1,850	270	0	0	0	0	23,400
211,000	213,000	5,090	3,500	1,920	340	0	0	0	0	23,900
213,000	215,000	5,160	3,570	1,990	410	0	0	0	0	24,500
215,000	217,000	5,230	3,640	2,060	480	0	0	0	0	25,000
217,000	219,000	5,300	3,710	2,130	550	0	0	0	0	25,600
219,000	221,000	5,370	3,780	2,200	620	0	0	0	0	26,200
221,000	224,000	5,450	3,870	2,290	700	0	0	0	0	26,800
224,000	227,000	5,560	3,980	2,390	810	0	0	0	0	27,800
227,000	230,000	5,660	4,080	2,500	910	0	0	0	0	28,700
230,000	233,000	5,770	4,190	2,600	1,020	0	0	0	0	29,700
233,000	236,000	5,870	4,290	2,710	1,120	0	0	0	0	30,700
236,000	239,000	5,980	4,400	2,810	1,230	0	0	0	0	31,700
239,000	242,000	6,080	4,500	2,920	1,330	0	0	0	0	32,700
242,000	245,000	6,190	4,610	3,020	1,440	0	0	0	0	33,700
245,000	248,000	6,290	4,710	3,130	1,540	0	0	0	0	34,700
248,000	251,000	6,400	4,820	3,230	1,650	0	0	0	0	35,700
251,000	254,000	6,500	4,920	3,340	1,750	170	0	0	0	36,700
254,000	257,000	6,610	5,030	3,440	1,860	280	0	0	0	37,700
257,000	260,000	6,710	5,130	3,550	1,960	380	0	0	0	38,600
260,000	263,000	6,820	5,240	3,650	2,070	490	0	0	0	39,600
263,000	266,000	6,920	5,340	3,760	2,170	590	0	0	0	40,600
266,000	269,000	7,030	5,450	3,860	2,280	700	0	0	0	41,600
269,000	272,000	7,130	5,550	3,970	2,380	800	0	0	0	42,600
272,000	275,000	7,240	5,660	4,070	2,490	910	0	0	0	43,600
275,000	278,000	7,340	5,760	4,180	2,590	1,010	0	0	0	44,600
278,000	281,000	7,450	5,870	4,280	2,700	1,120	0	0	0	45,600
281,000	284,000	7,550	5,970	4,390	2,800	1,220	0	0	0	46,600
284,000	287,000	7,660	6,080	4,490	2,910	1,330	0	0	0	47,600
287,000	290,000	7,760	6,180	4,600	3,010	1,430	0	0	0	48,500
290,000	293,000	7,870	6,290	4,700	3,120	1,540	0	0	0	49,500
293,000	296,000	7,970	6,390	4,810	3,220	1,640	0	0	0	50,500
296,000	299,000	8,080	6,500	4,910	3,330	1,750	160	0	0	51,200
299,000	302,000	8,250	6,600	5,020	3,440	1,850	270	0	0	51,800
302,000	305,000	8,490	6,720	5,140	3,560	1,970	390	0	0	52,400
305,000	308,000	8,730	6,840	5,260	3,680	2,090	510	0	0	53,100
308,000	311,000	8,970	6,960	5,380	3,800	2,210	630	0	0	53,700
311,000	314,000	9,210	7,080	5,500	3,920	2,330	750	0	0	54,300
314,000	317,000	9,450	7,200	5,620	4,040	2,450	870	0	0	54,900
317,000	320,000	9,690	7,320	5,740	4,160	2,570	990	0	0	55,600
320,000	323,000	9,930	7,440	5,860	4,280	2,690	1,110	0	0	56,500
323,000	326,000	10,170	7,560	5,980	4,400	2,810	1,230	0	0	57,300
326,000	329,000	10,410	7,680	6,100	4,520	2,930	1,350	0	0	58,100
329,000	332,000	10,650	7,800	6,220	4,640	3,050	1,470	0	0	59,000
332,000	335,000	10,890	7,920	6,340	4,760	3,170	1,590	0	0	59,800
335,000	338,000	11,130	8,040	6,460	4,880	3,290	1,710	130	0	60,700
338,000	341,000	11,370	8,200	6,580	5,000	3,410	1,830	250	0	61,600
341,000	344,000	11,610	8,440	6,700	5,120	3,530	1,950	370	0	62,500
344,000	347,000	11,850	8,680	6,820	5,240	3,650	2,070	490	0	63,400
347,000	350,000	12,090	8,920	6,940	5,360	3,770	2,190	610	0	64,400
350,000	353,000	12,330	9,160	7,060	5,480	3,890	2,310	730	0	65,300
353,000	356,000	12,570	9,400	7,180	5,600	4,010	2,430	850	0	66,200
356,000	359,000	12,810	9,640	7,300	5,720	4,130	2,550	970	0	67,100

その月の社会保険料等控除後の給与等の金額		甲								乙	
		扶養親族等の数									
		0人	1人	2人	3人	4人	5人	6人	7人		
以上	未満	税額								税額	
円	円	円	円	円	円	円	円	円	円	円	
359,000	362,000	13,050	9,880	7,420	5,840	4,250	2,670	1,090	0	68,000	
362,000	365,000	13,290	10,120	7,540	5,960	4,370	2,790	1,210	0	69,000	
365,000	368,000	13,530	10,360	7,660	6,080	4,490	2,910	1,330	0	69,900	
368,000	371,000	13,770	10,600	7,780	6,200	4,610	3,030	1,450	0	70,800	
371,000	374,000	14,010	10,840	7,900	6,320	4,730	3,150	1,570	0	71,600	
374,000	377,000	14,250	11,080	8,020	6,440	4,850	3,270	1,690	100	72,400	
377,000	380,000	14,490	11,320	8,150	6,560	4,970	3,390	1,810	220	73,200	
380,000	383,000	14,730	11,560	8,390	6,680	5,090	3,510	1,930	340	74,100	
383,000	386,000	14,970	11,800	8,630	6,800	5,210	3,630	2,050	460	74,900	
386,000	389,000	15,210	12,040	8,870	6,920	5,330	3,750	2,170	580	75,700	
389,000	392,000	15,450	12,280	9,110	7,040	5,450	3,870	2,290	700	76,600	
392,000	395,000	15,690	12,520	9,350	7,160	5,570	3,990	2,410	820	78,100	
395,000	398,000	15,930	12,760	9,590	7,280	5,690	4,110	2,530	940	79,700	
398,000	401,000	16,170	13,000	9,830	7,400	5,810	4,230	2,650	1,060	81,200	
401,000	404,000	16,410	13,240	10,070	7,520	5,930	4,350	2,770	1,180	82,800	
404,000	407,000	16,650	13,480	10,310	7,640	6,050	4,470	2,890	1,300	84,300	
407,000	410,000	16,890	13,720	10,550	7,760	6,170	4,590	3,010	1,420	85,900	
410,000	413,000	17,130	13,960	10,790	7,880	6,290	4,710	3,130	1,540	87,400	
413,000	416,000	17,370	14,200	11,030	8,000	6,410	4,830	3,250	1,660	88,900	
416,000	419,000	17,610	14,440	11,270	8,120	6,530	4,950	3,370	1,780	90,500	
419,000	422,000	17,850	14,680	11,510	8,350	6,650	5,070	3,490	1,900	92,000	
422,000	425,000	18,090	14,920	11,750	8,590	6,770	5,190	3,610	2,020	93,600	
425,000	428,000	18,330	15,160	11,990	8,830	6,890	5,310	3,730	2,140	95,100	
428,000	431,000	18,570	15,400	12,230	9,070	7,010	5,430	3,850	2,260	96,600	
431,000	434,000	18,810	15,640	12,470	9,310	7,130	5,550	3,970	2,380	98,200	
434,000	437,000	19,050	15,880	12,710	9,550	7,250	5,670	4,090	2,500	99,700	
437,000	440,000	19,290	16,120	12,950	9,790	7,370	5,790	4,210	2,620	101,300	
440,000	443,000	19,680	16,360	13,190	10,030	7,490	5,910	4,330	2,740	102,800	
443,000	446,000	20,160	16,600	13,430	10,270	7,610	6,030	4,450	2,860	104,400	
446,000	449,000	20,640	16,840	13,670	10,510	7,730	6,150	4,570	2,980	105,900	
449,000	452,000	21,120	17,080	13,910	10,750	7,850	6,270	4,690	3,100	107,400	
452,000	455,000	21,600	17,320	14,150	10,990	7,970	6,390	4,810	3,220	109,000	
455,000	458,000	22,080	17,560	14,390	11,230	8,090	6,510	4,930	3,340	110,500	
458,000	461,000	22,560	17,800	14,630	11,470	8,300	6,630	5,050	3,460	112,100	
461,000	464,000	23,040	18,040	14,870	11,710	8,540	6,750	5,170	3,580	113,600	
464,000	467,000	23,520	18,280	15,110	11,950	8,780	6,870	5,290	3,700	115,100	
467,000	470,000	24,000	18,520	15,350	12,190	9,020	6,990	5,410	3,820	116,700	
470,000	473,000	24,480	18,760	15,590	12,430	9,260	7,110	5,530	3,940	118,200	
473,000	476,000	24,960	19,000	15,830	12,670	9,500	7,230	5,650	4,060	119,800	
476,000	479,000	25,440	19,240	16,070	12,910	9,740	7,350	5,770	4,180	121,300	
479,000	482,000	25,920	19,590	16,310	13,150	9,980	7,470	5,890	4,300	122,800	
482,000	485,000	26,400	20,070	16,550	13,390	10,220	7,590	6,010	4,420	124,400	
485,000	488,000	26,880	20,550	16,790	13,630	10,460	7,710	6,130	4,540	125,900	
488,000	491,000	27,360	21,030	17,030	13,870	10,700	7,830	6,250	4,660	127,500	
491,000	494,000	27,840	21,510	17,270	14,110	10,940	7,950	6,370	4,780	129,000	
494,000	497,000	28,320	21,990	17,510	14,350	11,180	8,070	6,490	4,900	130,600	
497,000	500,000	28,800	22,470	17,750	14,590	11,420	8,250	6,610	5,020	132,100	
500,000	503,000	29,280	22,950	17,990	14,830	11,660	8,490	6,730	5,140	133,600	
503,000	506,000	29,760	23,430	18,230	15,070	11,900	8,730	6,850	5,260	135,200	
506,000	509,000	30,240	23,910	18,470	15,310	12,140	8,970	6,970	5,380	136,700	
509,000	512,000	30,720	24,390	18,710	15,550	12,380	9,210	7,090	5,500	138,300	
512,000	515,000	31,200	24,870	18,950	15,790	12,620	9,450	7,210	5,620	139,800	
515,000	518,000	31,680	25,350	19,190	16,030	12,860	9,690	7,330	5,740	141,300	
518,000	521,000	32,160	25,830	19,490	16,270	13,100	9,930	7,450	5,860	142,900	
521,000	524,000	32,640	26,310	19,970	16,510	13,340	10,170	7,570	5,980	144,400	
524,000	527,000	33,120	26,790	20,450	16,750	13,580	10,410	7,690	6,100	146,000	
527,000	530,000	33,600	27,270	20,930	16,990	13,820	10,650	7,810	6,220	147,500	
530,000	533,000	34,080	27,750	21,410	17,230	14,060	10,890	7,930	6,340	148,900	
533,000	536,000	34,560	28,230	21,890	17,470	14,300	11,130	8,050	6,460	150,300	
536,000	539,000	35,040	28,710	22,370	17,710	14,540	11,370	8,210	6,580	151,700	
539,000	542,000	35,520	29,190	22,850	17,950	14,780	11,610	8,450	6,700	153,200	
542,000	545,000	36,000	29,670	23,330	18,190	15,020	11,850	8,690	6,820	154,600	
545,000	548,000	36,480	30,150	23,810	18,430	15,260	12,090	8,930	6,940	156,000	

第5章　源泉所得税

その月の社会保険料等控除後の給与等の金額		甲								乙
		扶　養　親　族　等　の　数								
		0 人	1 人	2 人	3 人	4 人	5 人	6 人	7 人	
以　上	未　満	税　　　額								税　額
円	円	円	円	円	円	円	円	円	円	円
548,000	551,000	36,960	30,630	24,290	18,670	15,500	12,330	9,170	7,060	157,400
551,000	554,000	37,490	31,160	24,820	18,930	15,770	12,600	9,430	7,200	158,800
554,000	557,000	38,030	31,700	25,360	19,200	16,040	12,870	9,700	7,330	160,300
557,000	560,000	38,570	32,240	25,900	19,570	16,310	13,140	9,970	7,470	161,700
560,000	563,000	39,110	32,780	26,440	20,110	16,580	13,410	10,240	7,600	163,000
563,000	566,000	39,650	33,320	26,980	20,650	16,850	13,680	10,510	7,740	164,400
566,000	569,000	40,190	33,860	27,520	21,190	17,120	13,950	10,780	7,870	165,800
569,000	572,000	40,730	34,400	28,060	21,730	17,390	14,220	11,050	8,010	167,100
572,000	575,000	41,270	34,940	28,600	22,270	17,660	14,490	11,320	8,160	168,500
575,000	578,000	41,810	35,480	29,140	22,810	17,930	14,760	11,590	8,430	169,900
578,000	581,000	42,350	36,020	29,680	23,350	18,200	15,030	11,860	8,700	171,200
581,000	584,000	42,890	36,560	30,220	23,890	18,470	15,300	12,130	8,970	172,600
584,000	587,000	43,430	37,100	30,760	24,430	18,740	15,570	12,400	9,240	174,000
587,000	590,000	43,970	37,640	31,300	24,970	19,010	15,840	12,670	9,510	175,300
590,000	593,000	44,510	38,180	31,840	25,510	19,280	16,110	12,940	9,780	176,700
593,000	596,000	45,050	38,720	32,380	26,050	19,720	16,380	13,210	10,050	178,100
596,000	599,000	45,590	39,260	32,920	26,590	20,260	16,650	13,480	10,320	179,400
599,000	602,000	46,130	39,800	33,460	27,130	20,800	16,920	13,750	10,590	180,800
602,000	605,000	46,670	40,340	34,000	27,670	21,340	17,190	14,020	10,860	182,200
605,000	608,000	47,210	40,880	34,540	28,210	21,880	17,460	14,290	11,130	183,500
608,000	611,000	47,750	41,420	35,080	28,750	22,420	17,730	14,560	11,400	184,900
611,000	614,000	48,290	41,960	35,620	29,290	22,960	18,000	14,830	11,670	186,300
614,000	617,000	48,830	42,500	36,160	29,830	23,500	18,270	15,100	11,940	187,700
617,000	620,000	49,370	43,040	36,700	30,370	24,040	18,540	15,370	12,210	189,000
620,000	623,000	49,910	43,580	37,240	30,910	24,580	18,810	15,640	12,480	190,400
623,000	626,000	50,450	44,120	37,780	31,450	25,120	19,080	15,910	12,750	191,800
626,000	629,000	50,990	44,660	38,320	31,990	25,660	19,350	16,180	13,020	193,100
629,000	632,000	51,530	45,200	38,860	32,530	26,200	19,860	16,450	13,290	194,500
632,000	635,000	52,070	45,740	39,400	33,070	26,740	20,400	16,720	13,560	195,900
635,000	638,000	52,610	46,280	39,940	33,610	27,280	20,940	16,990	13,830	197,200
638,000	641,000	53,150	46,820	40,480	34,150	27,820	21,480	17,260	14,100	198,600
641,000	644,000	53,690	47,360	41,020	34,690	28,360	22,020	17,530	14,370	200,000
644,000	647,000	54,230	47,900	41,560	35,230	28,900	22,560	17,800	14,640	201,300
647,000	650,000	54,770	48,440	42,100	35,770	29,440	23,100	18,070	14,910	202,700
650,000	653,000	55,310	48,980	42,640	36,310	29,980	23,640	18,340	15,180	203,800
653,000	656,000	55,850	49,520	43,180	36,850	30,520	24,180	18,610	15,450	204,500
656,000	659,000	56,390	50,060	43,720	37,390	31,060	24,720	18,880	15,720	205,700
659,000	662,000	56,930	50,600	44,260	37,930	31,600	25,260	19,150	15,990	206,600
662,000	665,000	57,470	51,140	44,800	38,470	32,140	25,800	19,470	16,260	207,500
665,000	668,000	58,010	51,680	45,340	39,010	32,680	26,340	20,010	16,530	208,500
668,000	671,000	58,550	52,220	45,880	39,550	33,220	26,880	20,550	16,800	209,400
671,000	674,000	59,090	52,760	46,420	40,090	33,760	27,420	21,090	17,070	210,400
674,000	677,000	59,630	53,300	46,960	40,630	34,300	27,960	21,630	17,340	211,300
677,000	680,000	60,170	53,840	47,500	41,170	34,840	28,500	22,170	17,610	212,200
680,000	683,000	60,710	54,380	48,040	41,710	35,380	29,040	22,710	17,880	213,200
683,000	686,000	61,250	54,920	48,580	42,250	35,920	29,580	23,250	18,150	214,100
686,000	689,000	61,790	55,460	49,120	42,790	36,460	30,120	23,790	18,420	215,100
689,000	692,000	62,330	56,000	49,660	43,330	37,000	30,660	24,330	18,690	216,000
692,000	695,000	62,870	56,540	50,200	43,870	37,540	31,200	24,870	18,960	216,900
695,000	698,000	63,410	57,080	50,740	44,410	38,080	31,740	25,410	19,230	217,900
698,000	701,000	63,950	57,620	51,280	44,950	38,620	32,280	25,950	19,620	218,800
701,000	704,000	64,490	58,160	51,820	45,490	39,160	32,820	26,490	20,160	219,800
704,000	707,000	65,030	58,700	52,360	46,030	39,700	33,360	27,030	20,700	220,700
707,000	710,000	65,570	59,240	52,900	46,570	40,240	33,900	27,570	21,240	222,100
710,000	713,000	66,110	59,780	53,440	47,110	40,780	34,440	28,110	21,780	223,500
713,000	716,000	66,650	60,320	53,980	47,650	41,320	34,980	28,650	22,320	224,900
716,000	719,000	67,190	60,860	54,520	48,190	41,860	35,520	29,190	22,860	226,400
719,000	722,000	67,730	61,400	55,060	48,730	42,400	36,060	29,730	23,400	227,800
722,000	725,000	68,270	61,940	55,600	49,270	42,940	36,600	30,270	23,940	229,200
725,000	728,000	68,810	62,480	56,140	49,810	43,480	37,140	30,810	24,480	230,700
728,000	731,000	69,350	63,020	56,680	50,350	44,020	37,680	31,350	25,020	232,100
731,000	734,000	69,890	63,560	57,220	50,890	44,560	38,220	31,890	25,560	233,600
734,000	737,000	70,430	64,100	57,760	51,430	45,100	38,760	32,430	26,100	235,000

その月の社会保険料等控除後の給与等の金額		甲								乙
		扶 養 親 族 等 の 数								
		0 人	1 人	2 人	3 人	4 人	5 人	6 人	7 人	
以 上	未 満	税　額								税　額
円	円	円	円	円	円	円	円	円	円	円
737,000	740,000	70,970	64,640	58,300	51,970	45,640	39,300	32,970	26,640	236,400
740,000	743,000	71,510	65,180	58,840	52,510	46,180	39,840	33,510	27,180	237,900
743,000	746,000	72,050	65,720	59,380	53,050	46,720	40,380	34,050	27,720	239,300
746,000	749,000	72,590	66,260	59,920	53,590	47,260	40,920	34,590	28,260	240,800
749,000	752,000	73,130	66,800	60,460	54,130	47,800	41,460	35,130	28,800	242,200
752,000	755,000	73,670	67,340	61,000	54,670	48,340	42,000	35,670	29,340	243,600
755,000	758,000	74,210	67,880	61,540	55,210	48,880	42,540	36,210	29,880	245,100
758,000	761,000	74,750	68,420	62,080	55,750	49,420	43,080	36,750	30,420	246,500
761,000	764,000	75,290	68,960	62,620	56,290	49,960	43,620	37,290	30,960	248,000
764,000	767,000	75,830	69,500	63,160	56,830	50,500	44,160	37,830	31,500	249,400
767,000	770,000	76,370	70,040	63,700	57,370	51,040	44,700	38,370	32,040	250,800
770,000	773,000	76,910	70,580	64,240	57,910	51,580	45,240	38,910	32,580	252,300
773,000	776,000	77,450	71,120	64,780	58,450	52,120	45,780	39,450	33,120	253,700
776,000	779,000	77,990	71,660	65,320	58,990	52,660	46,320	39,990	33,660	255,200
779,000	782,000	78,530	72,200	65,860	59,530	53,200	46,860	40,530	34,200	256,600
782,000	785,000	79,070	72,740	66,400	60,070	53,740	47,400	41,070	34,740	258,000
785,000	788,000	79,610	73,280	66,940	60,610	54,280	47,940	41,610	35,280	259,500
788,000	791,000	80,150	73,820	67,480	61,150	54,820	48,480	42,150	35,820	260,900
791,000	794,000	80,760	74,360	68,020	61,690	55,360	49,020	42,690	36,360	262,300
794,000	797,000	81,390	74,900	68,560	62,230	55,900	49,560	43,230	36,900	263,800
797,000	800,000	82,010	75,440	69,100	62,770	56,440	50,100	43,770	37,440	265,200
800,000	803,000	82,630	75,980	69,640	63,310	56,980	50,640	44,310	37,980	266,700
803,000	806,000	83,250	76,520	70,180	63,850	57,520	51,180	44,850	38,520	268,100
806,000	809,000	83,870	77,060	70,720	64,390	58,060	51,720	45,390	39,060	269,500
809,000	812,000	84,490	77,600	71,260	64,930	58,600	52,260	45,930	39,600	271,000
812,000	815,000	85,110	78,140	71,800	65,470	59,140	52,800	46,470	40,140	272,400
815,000	818,000	85,730	78,680	72,340	66,010	59,680	53,340	47,010	40,680	273,900
818,000	821,000	86,350	79,220	72,880	66,550	60,220	53,880	47,550	41,220	275,300
821,000	824,000	86,970	79,760	73,420	67,090	60,760	54,420	48,090	41,760	276,700
824,000	827,000	87,600	80,310	73,960	67,630	61,300	54,960	48,630	42,300	278,200
827,000	830,000	88,220	80,930	74,500	68,170	61,840	55,500	49,170	42,840	279,600
830,000	833,000	88,840	81,550	75,040	68,710	62,380	56,040	49,710	43,380	281,100
833,000	836,000	89,470	82,190	75,600	69,260	62,930	56,600	50,260	43,930	282,500
836,000	839,000	90,130	82,840	76,170	69,830	63,500	57,170	50,830	44,500	283,900
839,000	842,000	90,780	83,500	76,740	70,400	64,070	57,740	51,400	45,070	285,400
842,000	845,000	91,440	84,150	77,310	70,970	64,640	58,310	51,970	45,640	286,800
845,000	848,000	92,090	84,810	77,880	71,540	65,210	58,880	52,540	46,210	288,300
848,000	851,000	92,750	85,470	78,450	72,110	65,780	59,450	53,110	46,780	289,700
851,000	854,000	93,400	86,120	79,020	72,680	66,350	60,020	53,680	47,350	291,100
854,000	857,000	94,060	86,780	79,590	73,250	66,920	60,590	54,250	47,920	292,600
857,000	860,000	94,720	87,430	80,160	73,820	67,490	61,160	54,820	48,490	294,000
860,000	863,000	95,370	88,090	80,800	74,390	68,060	61,730	55,390	49,060	295,500
863,000	866,000	96,030	88,740	81,460	74,960	68,630	62,300	55,960	49,630	296,900
866,000	869,000	96,680	89,400	82,120	75,530	69,200	62,870	56,530	50,200	298,300
869,000	872,000	97,340	90,050	82,770	76,100	69,770	63,440	57,100	50,770	299,800
872,000	875,000	97,990	90,710	83,430	76,670	70,340	64,010	57,670	51,340	301,200
875,000	878,000	98,650	91,370	84,080	77,240	70,910	64,580	58,240	51,910	302,600
878,000	881,000	99,300	92,020	84,740	77,810	71,480	65,150	58,810	52,480	304,100
881,000	884,000	99,960	92,680	85,390	78,380	72,050	65,720	59,380	53,050	305,500
884,000	887,000	100,610	93,330	86,050	78,950	72,620	66,290	59,950	53,620	307,000
887,000	890,000	101,270	93,990	86,700	79,520	73,190	66,860	60,520	54,190	308,400
890,000	893,000	101,930	94,640	87,360	80,090	73,760	67,430	61,090	54,760	309,800
893,000	896,000	102,580	95,300	88,010	80,730	74,330	68,000	61,660	55,330	311,300
896,000	899,000	103,240	95,950	88,670	81,390	74,900	68,570	62,230	55,900	312,700
899,000	902,000	103,890	96,610	89,330	82,040	75,470	69,140	62,800	56,470	314,200
902,000	905,000	104,550	97,260	89,980	82,700	76,040	69,710	63,370	57,040	315,600
905,000	908,000	105,200	97,920	90,640	83,350	76,610	70,280	63,940	57,610	317,000
908,000	911,000	105,860	98,580	91,290	84,010	77,180	70,850	64,510	58,180	318,500
911,000	914,000	106,510	99,230	91,950	84,660	77,750	71,420	65,080	58,750	319,900
914,000	917,000	107,170	99,890	92,600	85,320	78,320	71,990	65,650	59,320	321,400
917,000	920,000	107,830	100,540	93,260	85,980	78,890	72,560	66,220	59,890	322,800
920,000	923,000	108,480	101,200	93,910	86,630	79,460	73,130	66,790	60,460	324,200
923,000	926,000	109,140	101,850	94,570	87,290	80,030	73,700	67,360	61,030	325,700

第 5 章　源泉所得税

その月の社会保険料等控除後の給与等の金額		甲								乙
		扶養親族等の数								
以上	未満	0 人	1 人	2 人	3 人	4 人	5 人	6 人	7 人	
		税額								税額
円	円	円	円	円	円	円	円	円	円	円
926,000	929,000	109,790	102,510	95,230	87,940	80,660	74,270	67,930	61,600	327,100
929,000	932,000	110,450	103,160	95,880	88,600	81,310	74,840	68,500	62,170	328,600
932,000	935,000	111,100	103,820	96,540	89,250	81,970	75,410	69,070	62,740	330,000
935,000	938,000	111,760	104,480	97,190	89,910	82,620	75,980	69,640	63,310	331,400
938,000	941,000	112,410	105,130	97,850	90,560	83,280	76,550	70,210	63,880	332,900
941,000	944,000	113,070	105,790	98,500	91,220	83,940	77,120	70,780	64,450	334,300
944,000	947,000	113,720	106,440	99,160	91,870	84,590	77,690	71,350	65,020	355,800
947,000	950,000	114,380	107,100	99,810	92,530	85,250	78,260	71,920	65,590	337,200
950,000	953,000	115,040	107,750	100,470	93,190	85,900	78,830	72,490	66,160	338,600
953,000	956,000	115,690	108,410	101,120	93,840	86,560	79,400	73,060	66,730	340,100
956,000	959,000	116,350	109,060	101,780	94,500	87,210	79,970	73,630	67,300	341,500
959,000	962,000	117,000	109,720	102,440	95,150	87,870	80,590	74,200	67,870	342,900
962,000	965,000	117,660	110,370	103,090	95,810	88,520	81,240	74,770	68,440	344,400
965,000	968,000	118,310	111,030	103,750	96,460	89,180	81,900	75,340	69,010	345,800
968,000	971,000	118,970	111,690	104,400	97,120	89,840	82,550	75,910	69,580	347,300
971,000	974,000	119,680	112,340	105,060	97,770	90,490	83,210	76,480	70,150	348,700
974,000	977,000	120,620	113,000	105,710	98,430	91,150	83,860	77,050	70,720	350,100
977,000	980,000	121,560	113,650	106,370	99,090	91,800	84,520	77,620	71,290	351,600
980,000	983,000	122,500	114,310	107,020	99,740	92,460	85,170	78,190	71,860	353,000
983,000	986,000	123,440	114,960	107,680	100,400	93,110	85,830	78,760	72,430	354,500
986,000	989,000	124,380	115,620	108,340	101,050	93,770	86,480	79,330	73,000	355,900
989,000	992,000	125,320	116,270	108,990	101,710	94,420	87,140	79,900	73,570	357,300
992,000	995,000	126,260	116,930	109,650	102,360	95,080	87,800	80,510	74,140	358,800
995,000	998,000	127,200	117,590	110,300	103,020	95,730	88,450	81,170	74,710	360,200
998,000	1,001,000	128,140	118,240	110,960	103,670	96,390	89,110	81,820	75,280	361,700
1,001,000	1,004,000	129,080	118,900	111,610	104,330	97,050	89,760	82,480	75,850	363,100
1,004,000	1,007,000	130,020	119,570	112,270	104,980	97,700	90,420	83,130	76,420	364,500
1,007,000	1,010,000	130,960	120,510	112,920	105,640	98,360	91,070	83,790	76,990	366,000
1,010,000 円		131,430	120,980	113,250	105,970	98,680	91,400	84,120	77,270	367,400
1,010,000円を超え1,760,000円に満たない金額		1,010,000円の場合の税額に，その月の社会保険料等控除後の給与等の金額のうち1,010,000円を超える金額の31.5％に相当する金額を加算した金額								367,400円に，その月の社会保険料等控除後の給与等の金額のうち1,010,000円を超える金額38％に相当する金額を加算した金額
1,760,000		367,680	357,230	349,500	342,220	334,930	327,650	320,370	313,520	
1,760,000円を超える金額		1,760,000円の場合の税額に，その月の社会保険料等控除後の給与等の金額のうち1,760,000円を超える金額の38％に相当する金額を加算した金額								
扶養親族等の数が7人を超える場合には，扶養親族等の数が7人の場合の税額から，その7人を超える1人ごとに1,580円を控除した金額										従たる給与についての扶養控除等申告書が提出されている場合には，当該申告書に記載された扶養親族等の数に応じ，扶養親族等1人ごとに1,580円を，上の各欄によって求めた税額から控除した金額

(注) この表における用語については,次に定めるところによる。
　㈠ 「扶養親族等」とは,控除対象配偶者及び扶養親族をいう。
　㈡ 「社会保険料等」とは,第74条第2項(社会保険料控除)に規定する社会保険料及び第75条第2項(小規模企業共済等掛金控除)に規定する小規模企業共済等掛金をいう。
(参考) 税額の求め方は,次のとおりです。
　㈠ 給与所得者の扶養控除等申告書の提出があった居住者については,
　　⑴ まず,その居住者のその月の給与の金額から,その給与等の金額から控除される社会保険料等の金額を控除した金額を求める。
　　⑵ 当該申告書により申告された扶養親族等の数が7人以下である場合には,⑴により求めた金額に応じて「その月の社会保険料等控除後の給与等の金額」欄の該当する行を求め,その行とその申告された扶養親族等の数に応じて求めた甲欄の該当欄との交わるところに記載されている金額が,その求める税額である。
　　⑶ 当該申告書により申告された扶養親族等の数が7人を超える場合には,⑴により求めた金額に応じて,扶養親族等の数が7人であるものとして⑵により求めた税額から,扶養親族等の数が7人を超える1人ごとに1,580円を控除した金額が,その求める税額である。
　　⑷ ⑵及び⑶の場合において,当該申告書にその居住者が障害者,寡婦,寡夫又は勤労学生に該当する旨の記載があるとき(当該勤労学生が第2条第1項第32号ロ又はハ(定義)に掲げる者に該当するときは,当該申告書に勤労学生に該当する旨の記載があるほか,第194条第3項(給与所得者の扶養控除等申告書)に規定する書類の提出又は提示があったとき)は,扶養親族等の数にこれらの一に該当するごとに1人を加算した数を,当該申告書にその居住者の扶養親族等のうちに障害者がある旨の記載があるときは,扶養親族等の数にその障害者1人につき1人を加算した数を,それぞれ⑵及び⑶の扶養親族等の数とする。
　㈡ 給与所得者の扶養控除等申告書の提出がない居住者(従たる給与についての扶養控除等申告書の提出があった旨の居住者を含む。)については,その居住者のその月の給与等の金額から,その給与等の金額から控除される社会保険料等の金額を控除し,その控除後の金額に応じて「その月の社会保険料等控除後の給与等の金額」欄に該当する行を求め,その行と乙欄との交わるところに記載されている金額(従たる給与についての扶養控除等申告書の提出があった場合には,当該申告書により申告された扶養親族等の数に応じ,扶養親族等1人ごとに1,580円を控除した金額)が,その求める税額である。

【例題7】

以下の賞与の源泉徴収税額を「賞与に対する源泉徴収税額の算出率の表」を使って求めて下さい。

- 夏の社会保険料等控除後の賞与額（7月支給）は500,000円です。
- 前月（6月）の「社会保険料控除後の給与等の金額」は200,000円です。
- 独身です（扶養者はいません）。
- 「扶養控除等申告書」を提出しています。

答え：500,000円×4％＝20,000円

(2) 報酬・料金等に対する源泉所得税額

居住者に支払う一定の報酬・料金等については，報酬の区分に応じ，所得税が源泉徴収されます。

報酬・料金などの支払いが消費税の課税対象となる場合，原則として消費税の額を含めた金額が源泉徴収の対象となります。ただし，請求書などにおいて報酬・料金等の額と消費税の額が明確に区分されている場合は，その報酬・料金等の金額のみを対象として源泉徴収しても良いとされています。

【図表】賞与に対する源泉徴収税額の算出率の表

賞与に対する源泉徴収税額の算出率の表（平成21年4月以降分）
（所得税法別表第四）

賞与の金額に乗ずべき率	甲								乙	
	扶養親族等の数								前月の社会保険料等控除後の給与等の金額	
	0 人	1 人	2 人	3 人	4 人	5 人	6 人	7 人以上		
	前月の社会保険料等控除後の給与等の金額									
	以上 未満	以上 未満	以上 未満	以上 未満	以上 未満	以上 未満	以上 未満	以上 未満	以上 未満	
%	千円 千円	千円 千円	千円 千円	千円 千円	千円 千円	千円 千円	千円 千円	千円 千円	千円 千円	円
0	68千円未満	94千円未満	133千円未満	171千円未満	210千円未満	243千円未満	275千円未満	308千円未満	241千円未満	
2	68 79	94 243	133 269	171 295	210 300	243 300	275 333	308 372		
4	79 252	243 282	269 312	295 345	300 378	300 406	333 431	372 456		
6	252 300	282 338	312 369	345 398	378 424	406 450	431 476	456 502		
8	300 334	338 365	369 393	398 417	424 444	450 472	476 499	502 527		
10	334 363	365 394	393 420	417 445	444 470	472 496	499 525	527 553		
12	363 395	394 422	420 450	445 477	470 504	496 531	525 559	553 588		
14	395 426	422 455	450 484	477 513	504 543	531 574	559 604	588 632		
16	426 550	455 550	484 550	513 557	543 592	574 622	604 652	632 683		
18	550 668	550 689	550 710	557 730	592 751	622 771	652 792	683 812		
20	668 714	689 738	710 762	730 786	751 810	771 834	792 859	812 884	241	305
22	714 750	738 775	762 801	786 826	810 852	834 879	859 905	884 932		
24	750 791	775 817	801 844	826 872	852 901	879 929	905 957	932 985		
26	791 847	817 876	844 905	872 934	901 963	929 992	957 985	985 1,050		
28	847 917	876 949	905 980	934 1,012	963 1,043	992 1,074	1,021 1,106	1,050 1,137		
30	917 1,280	949 1,304	980 1,328	1,012 1,352	1,043 1,377	1,074 1,401	1,106 1,425	1,137 1,449	305	583
32	1,280 1,482	1,304 1,510	1,328 1,538	1,352 1,566	1,377 1,594	1,401 1,622	1,425 1,651	1,449 1,679		
35	1,482 1,761	1,510 1,794	1,538 1,828	1,566 1,861	1,594 1,894	1,622 1,928	1,651 1,961	1,679 1,994		
38	1,761千円以上	1,794千円以上	1,828千円以上	1,861千円以上	1,894千円以上	1,928千円以上	1,961千円以上	1,994千円以上	563千円以上	

（注）この表における用語については、次に定めるところによる。
(一)「扶養親族等」とは、控除対象配偶者及び扶養親族をいう。
(二)「社会保険料等」とは、所得税法第74条第2項（社会保険料控除）に規定する社会保険料及び第75条第2項（小規模企業共済等掛金控除）に規定する小規模企業共済等掛金をいう。

（備考）賞与の金額に乗ずべき率の求め方は、次に定めるところによる。
(一) 給与所得者の扶養控除等申告書の提出があった居住者に支払う賞与について
(1) まず、その居住者の前月中の給与等（賞与を除く。以下この(1)において同じ。）の金額から、その給与等の金額から控除される社会保険料等の金額（以下この表において「前月中の社会保険料等控除後の給与等の金額」という。）を控除した金額を求める。
(2) 次に、(1)により求めた金額を、扶養親族等の数に応じて甲欄の「前月の社会保険料等控除後の給与等の金額」欄の該当する行に当てはめ、その行の「賞与の金額に乗ずべき率」欄に記載されている率を求める。
(3) (2)により求めた率を、その居住者に支払う賞与の金額（当該金額から控除される社会保険料等の金額がある場合には、その控除後の金額）に乗じて税額を計算する。
(イ) 前号の場合において、その居住者から提出された扶養控除等申告書に、当該申告書に記載された源泉控除対象配偶者が特別障害者に該当する旨又は当該申告書に記載された控除対象扶養親族若しくは扶養親族が同居特別障害者若しくはその他の特別障害者に該当する旨の記載があるときは、扶養親族等の数に、これらの一に該当するごとに1人を加算した数を、扶養親族等の数とする。
(ロ) 前号の場合において、その居住者がその居住者と生計を一にする配偶者（特別障害者に該当する者に限るものとし、源泉控除対象配偶者に該当する者を除く。）又は扶養親族（特別障害者に該当する者に限る。）のうちいずれかが同居特別障害者に該当する旨その他これに類する記載がある源泉控除対象配偶者に該当しない旨の記載があるときは、扶養親族等の数に、これらの一に該当するごとに1人を加算した数を、扶養親族等の数とする。
(二) 給与所得者の扶養控除等申告書の提出がない居住者（従たる給与等についての扶養控除等申告書の提出がある場合のその居住者を除く。）に支払う賞与については、その賞与の支払の直前に支払を受けるべき給与等の金額（当該金額から控除される社会保険料等の金額がある場合には、その控除後の金額）を乙欄の「前月中の社会保険料等控除後の給与等の金額」欄に当てはめ、その行に当てはまる率を求める。
(三) (1)により求めた率を乙欄に当てはめて乙欄の区分に応じてこれらの規定を乗じて税額を計算する。
(四) 前月中の給与等の金額がない場合及び前月中の給与等の金額が前月中の社会保険料等の金額以下である場合には、その賞与の金額（当該金額から控除される社会保険料等の金額がある場合には、その控除後の金額）を当該賞与の計算期間の月数（当該月数が6を超えるときは、6とし、1に満たない端数があるときは、これを切り上げた月数）で除して計算した金額を賞与を支給した月の前月中の給与等の金額として(一)又は(二)により計算する。
(五) 賞与に係る源泉徴収税額
(イ) 前月中の給与等の金額が前月中の社会保険料等の金額の10倍に相当する金額を超える場合には、次の方法によりその賞与に対する税額を計算する。
(ロ) その賞与の金額（当該金額から控除される社会保険料等の金額がある場合には、その控除後の金額）の6分の1に相当する金額（当該賞与の計算の基礎となった期間が6月を超える場合には、12分の1に相当する金額）と前月中の給与等の金額から前月中の社会保険料等の金額を控除した金額の合計額を、別表第二の甲欄又は乙欄に当てはめて税額を求める。

第5章　源泉所得税

【図表】　報酬・料金等の種類別の適用税率・控除額

区分	税額の算出方法	報酬又は料金等の種類
二段階税率によるもの	支払額×10% (但し,同一人に対して1回に支払う金額が100万円を超える場合には,その100万円を超える部分について20%)	① 原稿料・講演料等 　原稿料・講演料・デザイン料・工業所有権の使用料,技芸・スポーツ知識等の教授・指導料・翻訳料等 ② 弁護士・税理士等に支払う報酬 ③ モデル等に支払う報酬・料金 ④ 芸能人などに支払う出演料等 ⑤ 職業運動家(プロ・スポーツ選手)に支払う報酬・料金
控除額によるもの	(支払金額－10,000円) 　　　×10%	司法書士・土地家屋調査士・海事代理士に支払う報酬・料金
	{その月中の報酬－(12万円－その月中の給与の額)}	外交員・集金人・電力量計の検針人に支払う報酬・料金

【例題8】

20X9年10月25日に,弁護士報酬(Accounting and Legal Fee)として1,260,000円(うち消費税60,000円)の請求を受けました。当該報酬を支払う際の源泉所得税はいくらですか。また,この支払いについて,仕訳を切って下さい。源泉所得税は消費税を含まない金額を対象にすることとします。

Date	Account Name	Debit	Credit
20X9/10/25	Accounting and Legal Fee	1,260,000	
	ABC Bank		1,120,000
	Deposit received (W/H income tax)		140,000

源泉所得税：$1,000,000 \times 10\% + 200,000 \times 20\% = 140,000$

【例題9】

20X9年11月25日に，翻訳料（Translation Fee）として50,000円（消費税込み）を先方の銀行に振り込みました。この場合の源泉所得税はいくらですか。また，この支払いについて，仕訳を切って下さい。源泉所得税は消費税を含んだ金額で計算することとします。

Date	Account Name	Debit	Credit
20X9/11/25	Translation Fee	50,000	
	ABC Bank		45,000
	Deposit received		5,000
	(W/H income tax)		

源泉所得税：50,000×10％＝5,000

5 納付書（Tax Payment Slip）の記入方法

源泉徴収した所得税を納付する場合には「所得税徴収高計算書兼納付書」を使用します。

この納付書に必要項目を記入した上で，銀行や郵便局で納付をします（納付期限については次項参照）。

納付書には，源泉対象となる所得の種類の応じて様々な種類がありますが，最も使用頻度が高いのが「給与所得，退職所得などの所得税徴収高計算書（納付書）」です。

【例題10】

以下のケースについて，記入要領を参考にしながら，納付書への記入を行って下さい。

基本データ
- 会 計 年 度 → 平成20年度（平成20年7月支払い分）
- 所轄税務署 → 麻布税務署

第5章　源泉所得税

- 会　社　名　→　ＡＢＣ株式会社,
- 所　在　地　→　東京都港区六本木１－１－１
- 役 職 員 数　→　15名（役員３名，従業員12名）
- 会社整理番号：12345678

源泉徴収の対象となる所得（７月分）

- 給　　　料　→　4,000,000円（源泉所得税300,000円），支給日７/25
- 従業員賞与　→　3,500,000円（源泉所得税額250,000円），支給日７/10
- 役 員 賞 与　→　2,100,000円（源泉所得税額200,000円），支給日７/10
- 税理士報酬　→　100,000円（源泉所得税額10,000円），支払日７/25
- 弁護士報酬　→　300,000円（源泉所得税額30,000円），支払日７/25

【図表】 給与所得，退職所得などの所得税徴収高計算書（納付書）
　　　　　…記入要領

《給与所得・退職所得等の所得税徴収高計算書（一般分）》

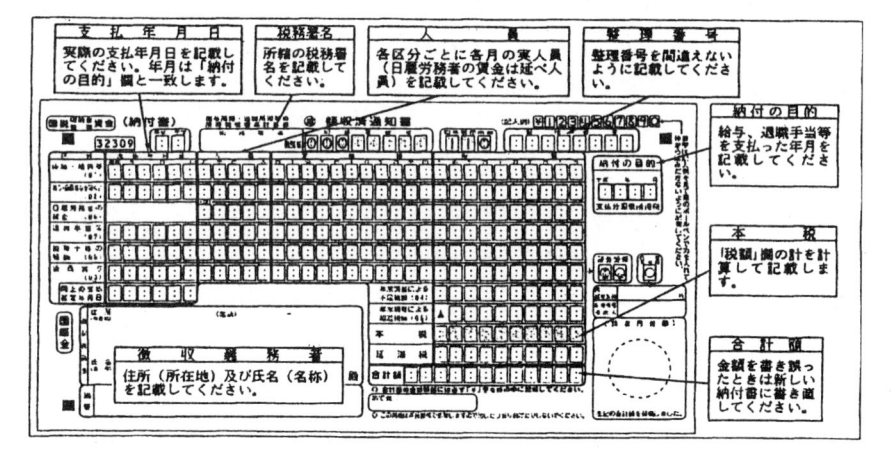

記入欄	記入要領
支払年月日	実際の支払年月日を記載してください。年月は「納付の目的」欄と一致します。
税務署名	所轄の税務署名を記載してください。
人員	各区分ごとに各月の実人員（日雇労務者の賃金は延べ人員）を記載してください。
整理番号	整理番号を間違えないように記載してください。
納付の目的	給与，退職手当等を支払った年月を記載してください。
本税	「税額」欄の計を計算して記載します。
合計額	金額を書き誤ったときは新しい納付書に書き直してください。
徴収義務者	住所（所在地）及び氏名（名称）を記載してください。

答え：

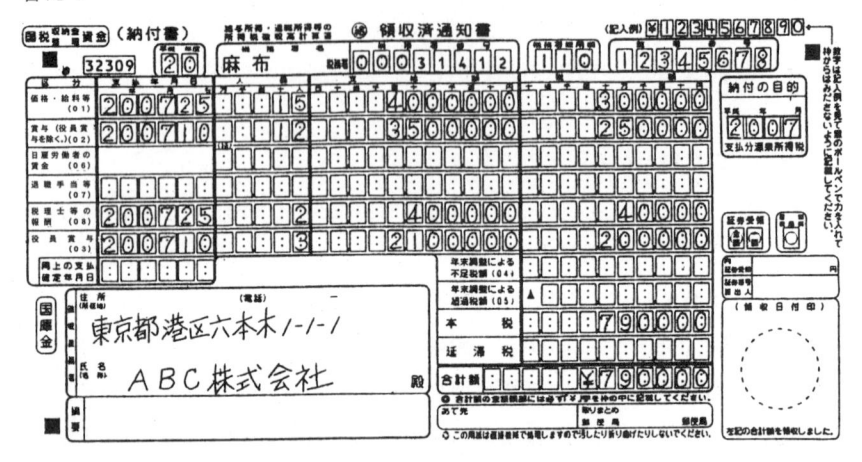

6 源泉税の納付期限（Due date）

　源泉税は，源泉徴収の対象となる所得を支払った日の属する月の翌月10日までに納付しなければなりません。
　ただし，給与等の支払いを受ける者が常時10人未満の小規模事業者等の場合で，一定の申請書を提出して所轄税務署長の承認を受けたときは，半年分の源泉税を年2回にまとめて納付できる「納期の特例制度」が設けられています。

第5章　源泉所得税

【図表】　納期の特例制度

源泉所得税の区分	納付期限
1月～6月までの間に支払った所得から差し引いた源泉所得税	7月10日
7月～12月までの間に支払った所得から差し引いた源泉所得税	翌年1月10日 （一定の申請を提出した場合にはさらに1月20日まで期限が延長される）

【例題11】

　A社は納期の特例の承認を受けています。

　20x9年5月に支払った弁護士報酬に係る源泉税の納付期限はいつですか？

　答え：20x9年7月10日…弁護士報酬に係る源泉税は納期の特例を適用できます。

7　法定調書（Withholding Tax Report）の概要

　源泉徴収義務者は，その年に支払いの確定した給与・報酬等について，「源泉徴収票」および「支払調書」（これらを「法定調書」といいます）を作成・提出する義務があります。

　「源泉徴収票」「支払調書」は2通作成し，1通を受給者に交付し，他の1通を源泉徴収義務者の納税地の所轄税務署長に翌年の1月に提出します。

【演習問題】

　あなたはＡＢＣ株式会社の経理担当者です。

　20x9年10月，11月に発生した以下の支払いについてそれぞれ仕訳を切って下さい。なお，納期の特例は適用されていません。

1．10月5日

　　会計事務所から，以下の請求書が送られてきました。10月25日に，ABC Bankの口座から先方に振り込みました。

October 5, 2009

ABC K.K

INVOICE

For professional services rendered. The details are as per attached sheet.

Fee;		400,000
Plus;	Consumption tax	20,000
Less;	W/H Tax	42,000
Net Amount Payable		378,000 yen

〔解答用紙〕

Date	Account Name	Debit	Credit
20X9/10/25	Accounting Fee ABC Bank Deposit received (W/H income tax)		

2. 10月20日

以下の通り、10月分の給与を支払いました。各従業員の源泉所得税を月額表を用いて計算した上で、仕訳を切って下さい。

(96－101ページ参照)

・ Chris には配偶者と小学生の子供が2人います（3人とも扶養対象です）。

第5章　源泉所得税

	Chris	Yumiko	Ichiro	Total
Salary	1,000,000	316,700	300,000	1,616,700
Bonus	0	0	0	0
Commuting allowance③	35,870	14,980	15,270	66,120
Gross payment①	1,035,870	331,680	315,270	1,682,820
Health insurance	42,230	13,940	14,928	71,098
Pension insurance	46,488	25,493	23,994	95,975
Labor insurance	0	1,990	1,892	3,882
Social Insurance Total②	88,718	41,423	40,814	170,955
①－②－③	911,282	275,277	259,186	1,445,745
Income tax④				
Inhabitant tax⑤	60,600	14,300	4,100	79,000
Net payment ①－②－④－⑤				

- Yumiko には配偶者はいますが，扶養対象ではありません。
- Ichiro は独身です。
- 3人とも，「給与所得者の扶養控除等申請書」を提出しています。

Date	Account Name	Debit	Credit
20X9/10/20	Salary		
	Travel		
	Deposit received (W/H income tax)		
	Deposit received (Residential tax)		
	Deposit received (Social Insurance)		
	ABC Bank		

3．10月25日

弁護士事務所から，以下の請求書が送られてきました。11月20日にABC Bankの口座から先方に振り込みました。

October 5, 2009

ABC K.K

INVOICE

For professional services rendered. The details are as per attached sheet.

Fee;		400,000
Plus;	Consumption tax	20,000
Less;	W/H Tax	42,000
Net Amount Payable		378,000 yen

〔解答用紙〕

Date	Account Name	Debit	Credit
20X9/10/25	Legal Fee		
	Tax & Dues		
	Tax & Dues		
	Travel		
	Office Supplies		
	Accounts payable		
20X9/11/20	Accounts payable		
	ABC Bank		
	Deposit received (W/H income tax)		

第 5 章　源泉所得税

4．11月10日

10月分の源泉税を，ABC Bank の口座から所轄税務署に納付しました。

〔解答用紙〕

Date	Account Name	Debit	Credit
20X9/11/10	Deposit received(W/H income tax) ABC Bank		

【解　答】

1.

Date	Account Name	Debit	Credit
20X9/10/25	Accounting Fee ABC Bank Deposit received (W/H income tax)	420,000	378,000 42,000

2.

	Chris	Yumiko	Ichiro	Total
Salary	1,000,000	316,700	300,000	1,616,700
Bonus	0	0	0	0
Commuting allowance③	35,870	14,980	15,270	66,120
Gross payment①	1,035,870	331,680	315,270	1,682,820
Health insurance	42,230	13,940	14,928	71,098
Pension insurance	46,488	25,493	23,994	95,975
Labor insurance	0	1,990	1,892	3,882
Social Insurance Total②	88,718	41,423	40,814	170,955
①−②−③	911,282	275,277	259,186	1,445,745
Income tax④	84,660	7,340	6,710	98,710
Inhabitant tax⑤	60,600	14,300	4,100	79,000
Net payment ①−②−④−⑤	801,892	268,617	263,646	1,334,155

Date	Account Name	Debit	Credit
20X9/10/20	Salary	1,616,700	
	Travel	66,120	
	Deposit received (W/H income tax)		98,710
	Deposit received (Residential tax)		79,000
	Deposit received (Social Insurance)		170,955
	ABC Bank		1,334,155

第5章 源泉所得税

3.

Date	Account Name	Debit	Credit
20X9/10/25	Legal Fee	42,000	
	Tax & Dues	10,000	
	Tax & Dues	1,000	
	Travel	9,120	
	Office Supplies	560	
	Accounts payable		62,680
20X9/11/20	Accounts payable	62,680	
	ABC Bank		58,680
	Deposit received (W/H income tax)		4,000

4.

10月分源泉所得税額

42,000円（会計事務所報酬）+98,710円（10月給与）=140,710円

Date	Account Name	Debit	Credit
20X9/11/10	Deposit received(W/H income tax)	140,710	
	ABC Bank		140,710

4,000円（弁護士報酬分）は，11月に支払っているので，12月に納付します。

第6章 給与・社会保険料の仕組みと仕訳
CHAPTER 6

1 給与台帳（Payroll Register/Payroll Report）の見方
2 社会保険料（Social Insurance）について
3 給与・社会保険料の仕訳
4 労働保険料のその他の仕訳
5 年末調整について
6 現物給与について

本章で学ぶこと

　第6章では，毎月の給与支払い（Salary Payments）の仕訳を学習し，給与台帳（Payroll Register）の情報を帳簿上に反映できるようにします。また，給与から天引きされる社会保険料（健康保険料・厚生年金保険料・労働保険料等）の納付時の仕訳も学習します。追加論点として，年末調整（Year-end Tax Adjustment）や現物給与（Allowance in-kind）についても学びます。

1 給与台帳（Payroll Register/Payroll Report）の見方

　給与関係の仕訳は，給与台帳（Payroll Register/Payroll Report）のデータに基づき入力します。給与台帳の様式は，会社や使用される給与計算ソフトによって様々ですが，基本的な内容は同じです。なお，外資系の企業では，給与計算を社会保険労務士等にアウトソースしているケースが大半と思われます。ここでは，給与台帳の各項目の意味を理解するとともに，英語での表記を覚えましょう。

【図表1】 ABC Corporation の給与台帳（20X9年6月分，20X9年7月25日支払）

	日　本　語	英　　　語	数値例
①	基本給	Basic Salary/Payroll	3,000,000
②	賞与／役員賞与	Bonus/Directors' Bonus	0
③	残業手当	Overtime Allowance	300,000
④	非課税交通費	Commutation Allowance/Transportation	150,000
⑤	総支給額	Gross Payment Total	3,450,000
⑥	社会保険料合計（A）	Social Insurance Total	418,000
	健康保険料	Health Insurance	130,000
	介護保険料	Family/Nursing Care Insurance	18,000
	厚生年金保険料	Pension Insurance	250,000
	雇用保険料	Employment Insurance	20,000
⑦	課税対象額 （非課税交通費を除く）	Taxable Income （excluding transportation）	2,882,000
⑧	源泉所得税（B）	Withholding Income Tax	51,000
⑨	住民税（C）	Inhabitant/Local Tax	41,000
⑩	控除合計額(A)＋(B)＋(C)	Deductions Total	510,000
⑪	差引支給額(銀行振込額)	Net Payment Total	2,940,000

第6章　給与・社会保険料の仕組みと仕訳

① 基本給（Basic Salary）：従業員に支払われる通常の賃金。
② 賞与（Bonus）／役員賞与（Directors' Bonus）：いわゆるボーナスや特別加算額を含みます。
③ 残業手当（Overtime Allowance）：通常の勤務時間以外の労働に対して支払われる手当て。
④ 非課税交通費（Commutation Allowance）：通勤費は，会社に通勤するための実費相当部分であるため，1ヶ月10万円（1人当たり）までは非課税扱い（＝所得税がかからない）となります。
その他，従業員が立て替えていた立替経費（Employee Reimbursements）なども実費相当部分は非課税扱いとなります。
⑤ 総支給額（Gross Payment）：税金や社会保険料控除前の支給額。
⑥ 社会保険料（Social Insurance）：健康保険料・介護保険料・厚生年金保険料と雇用保険料の総称です（社会保険料の概要については，次項で説明します）。
⑦ 課税対象額（Taxable Income）：総支給額から社会保険料を控除した金額です（非課税交通費は含まれません）。
源泉所得税算出の基礎となる金額です
⑧ 源泉所得税（Withholding Income Tax）：給与や賞与から天引きされる税金です。
⑨ 住民税（Inhabitant/Local Tax）：住民税は，市町村民税（特別区民税含む）と道府県民税（都民税含む）の総称で，それぞれ市区町村と都道府県に対して納付する税金です。
⑩ 控除合計額（Deductions Total）：総支給額から控除される「社会保険料」「源泉所得税」「住民税」の合計です。
その他，社員販売や社宅控除など現物給与の本人負担額なども含まれます。
⑪ 差引支給額（Net Payment Total）：総支給額から控除合計額を引いた金額です。
この金額が各自の銀行口座に振り込まれます。

2 社会保険料（Social Insurance）について

(1) 社会保険料の概要

　企業が従業員を雇用すると，社会保険への加入義務があります。加入しなければならない社会保険は主として次の4つ（①～④）です。
① 労働保険（Labor Insurance）：労災保険・雇用保険の総称です。
　(a) 労災保険（Workers' Accident Compensation Insurance）：業務上・通勤途上のケガや病気に対する災害補償保険。
　(b) 雇用保険（Employment Insurance）：失業した場合の失業給付等を行う保険。
② 健康保険（Health/Medical Insurance）：業務・通勤以外の事由によるケガや病気に対する医療給付を中心とした保険。
③ 厚生年金保険（Pension Insurance）：老齢・障害・死亡などに対する年金給付を中心とした保険。
④ 介護保険（Family/Nursing Care Insurance）：介護が必要になったときの介護サービス提供を目的とした保険。
　　※　その他の社会保険料
　　　児童手当拠出金（Child Benefit Contribution）：児童手当の財源として，事業主に負担が義務付けられている拠出金。

(2) 保険料の負担者

　労災保険および児童手当拠出金は事業主（Employer）が全額負担しますが，その他の社会保険料は事業主（Employer）と従業員（Employee）双方に負担義務があります（ただし，介護保険料は40歳以上－65歳未満の健康保険に加入している従業員のみに負担義務があります）。従業員負担分（Employee's Contribution）は，本人の給与から控除されます。

第6章　給与・社会保険料の仕組みと仕訳

(3) 納付の形態

①労働保険料（労災保険＋雇用保険）は，年度初め（毎年6月1日から7月10日までの間）に4月1日～翌年3月31日までの1年分を概算で申告・納付（前払い）します（概算保険料が40万円以上の場合は，納付を3回（第1期（7月末）・2期（10月末）・3期（1月末））に分割することができます）。そして，翌年度の申告で，確定保険料として精算します。

②～④の社会保険料（会社負担分＋従業員負担分）は原則として，当月分を翌月末までに払います。従業員負担分は，一般的に当月の給与から前月分の保険料が天引きされます。納付額は，各年金事務所から毎月20日前後に送付される「保険料納入告知額・領収済額通知書」で確認します。

【図表2】　保険料納入告知額・領収済通知書（例）

あなたの本月分保険料額は下記のとおりです。

なお，納入告知書を指定の金融機関に送付しましたから，指定振替日（納付期限）前日までに口座残高の確認をお願いします。	下記の金額を指定の金融機関から口座振替により受領しました。
事業所整理番号　×××××　事業所番号　×××××	
納付目的年月 平成21年12月　納付期限 平成22年 2月 1日	平成21年11月 分保険料　領収日 平成22年 1月 4日
健康勘定　　厚生年金勘定　　児童手当勘定	健康勘定　　厚生年金勘定　　児童手当勘定
健康保険料　　厚生年金保険料　　児童手当拠出金	健康保険料　　厚生年金保険料　　児童手当拠出金
2,020,758　　2,530,464　　21,523	2,300,123　　2,812,988　　26,534
合　計　額　　　　　　　4,572,745 円	合　計　額　　　　　　　5,139,645 円

平成 22 年 1 月 21 日
歳入徴収官
厚生労働省年金局事業管理課長
　（千代田年金事務所）

　　××××××××× 4 -28- 5

　　　　　ＡＢＣ株式会社　　様

（うら面へつづく）

3　給与・社会保険料の仕訳

【図表1】で示した給与台帳の数値例を踏まえて，ABC Corporationの20X9年6月～7月にかけての給与・社会保険関連の仕訳を時系列で見ていきましょう。

(1) 社会保険料（会社負担分；6月分）の計上（未払い）

20X9年6月30日に，6月分の社会保険料500,000円（会社負担分）を計上しました。このときの仕訳は下記の通りとなります。

Date	Account Name	Debit	Credit
20X9/06/30	Legal Benefit	500,000	
	Accrued Expense　—Social Insurance　(Employer's Contribution)		500,000

ポイント

社会保険料は一般的に当月分を翌月末までに支払うため，6月分の社会保険料は7月末まで未払いの状態となります。よって，6月末に未払費用（Accrued Expense）を計上します。借方には法定福利費（Legal Benefit）勘定を使用します。

(2) 労働保険料の納付（前払い）

20X9年7月10日に，20X9年度（2009年4月～2010年3月）の労働保険料（概算保険料）600,000円（会社負担分360,000円，従業員負担分240,000円）がXYZ Bankの口座から引き落とされました。このときの仕訳は下記の通りとなります。

第6章　給与・社会保険料の仕組みと仕訳

Date	Account Name	Debit	Credit
20X9/07/10	Prepaid Expense —Labor Insurance	600,000	
	XYZ Bank		600,000

ポイント

翌年3月までの労働保険料を前払いしたことになるため，借方には「前払費用（Prepaid Expense）」を計上します（従業員負担分については，前払費用ではなく，立替金勘定（Advances Paid）を使用することもできます）。なお，「法定福利費（Legal Benefit）」を使った簡便的な仕訳方法もありますが，こちらは後述します。

(3) 給与（6月分）の支払い

20X9年7月25日に，6月分の給与を従業員に支払いました（支払時に6月分の社会保険料等が控除されます）。このときの仕訳は下記の通りとなります。

Date	Account Name	Debit	Credit
20X9/07/25	Salaries Expense	3,300,000	
	Travel Expense (Commutation Allowance)	150,000	
	XYZ Bank		2,940,000
	Deposits Received —Social Insurance*		398,000
	—Withholding Income Tax		51,000
	—Residential Tax		41,000
	Prepaid Expense —Labor Insurance		20,000

＊　Social Insurance＝Health Insurance＋Family Care Insurance＋Pension Insurance

> **ポイント**
>
> ① 通勤交通費（Travel Expense；課税仕入れ）は，給与（Salaries Expense；課税対象外）と区別して計上します。
> ② 給与から控除されている「社会保険料(Social Insurance；労働保険を除く)」，「源泉所得税（Withholding Income Tax)」，「住民税（Residential Tax)」の従業員負担分は，会社が従業員から一時的に預かっているものなので，「預かり金勘定（Deposits Received）」を使用します。従業員から預かった社会保険料は，ABC Corporation が納付時に会社負担分とともに納付します。
> ③ 給与から控除されている労働保険料の従業員負担分は，前払費用の取崩しとなります（立替金勘定を使用している場合は，立替金の取崩し）。

(4) 労働保険料（会社負担分；4－7月分）の計上

20X9年7月31日に，4－7月分の労働保険料（会社負担分）120,000円を計上します。このときの仕訳は下記の通りとなります。

Date	Account Name	Debit	Credit
20X9/07/31	Legal Benefit	120,000	
	Prepaid Expense —Labor Insurance		120,000

> **ポイント**
>
> 20X9年7月10日に前払費用（Prepaid Expense）として計上した労働保険料のうち，4－7月分の会社負担相当額を7月末に「法定福利費（Legal Benefit)」に振り替えます。20X9年度の労働保険料が決定したのは7月に入ってからであり，その間4月・5月・6月の労働保険料を認識していなかったので，ここでは7月にまとめて4ヶ月分を費用計上しています。

第6章 給与・社会保険料の仕組みと仕訳

(5) 社会保険料（6月分）の納付

20X9年6月分の社会保険料（従業員負担分＋会社負担分）を7月31日に支払いました。このときの仕訳は下記の通りとなります。

Date	Account Name	Debit	Credit
20X9/07/31	Accrued Expense —Social Insurance (Employer's Contribution)	500,000	
	Deposits Received —Social Insurance (Employee's Contribution)	398,000	
	XYZ Bank		898,000

ポイント

会社負担分は、6月末に計上した「未払費用（Accrued Expense）」を取り崩します。従業員負担分は、給与支払時に計上した「預かり金（Deposits Received）」を取り崩します。

(6) 社会保険料（会社負担分；7月分）の計上（未払い）

20X9年7月31日に、6月分の社会保険料500,000円（会社負担分）を計上しました。このときの仕訳は(1)の仕訳と同じになります。

Date	Account Name	Debit	Credit
20X9/07/31	Legal Benefit	500,000	
	Accrued Expense —Social Insurance* (Employer's Contribution)		500,000

* Social Insurance＝Health Insurance＋Family Care Insurance＋Pension Insurance

8月以降の仕訳は(3)～(6)の繰り返しとなります。

4　労働保険料のその他の仕訳

(1) 確定保険料と精算

　労働保険料は、翌年度の初めに当年度の確定保険料の金額を計算します。概算保険料が確定保険料に対して不足している場合には、不足額を追加納付することで精算します。逆に、確定保険料が概算保険料よりも少ない場合は、その差額が充当額として、翌年度の概算保険料の支払いに充当されます。

　下記は、概算保険料が確定保険料に対して100,000円不足していた場合の仕訳です（不足額が100,000円の場合）。

Date	Account Name	Debit	Credit
20X9/07/10	Legal Benefit	100,000	
	ABC Bank		100,000

> **ポイント**
>
> 　雇用保険料の従業員負担分は毎月再計算された正確な金額が給与天引きされているため、確定保険料に対する不足額は全額「法定福利費（Legal Benefit）」勘定で処理します（全額、会社負担額とします）。

(2) 簡便的な仕訳方法

　労働保険料については、「法定福利費（Legal Benefit）」勘定を使用したより簡便な仕訳があります。期間損益の観点からは、前述の「前払費用（Prepaid Expense）」を使用した仕訳の方が正確ですが、小規模の会社などで経理を簡便化したい場合などには以下の仕訳でも問題ないでしょう。

第6章　給与・社会保険料の仕組みと仕訳

① 労働保険料の納付（前払い）

20X9月7月10日に，20X9年度（20X9年4月〜翌年3月）の労働保険料（概算保険料）600,000円（会社負担分360,000円，従業員負担分240,000円）がXYZ Bankの口座から引き落とされました。

Date	Account Name	Debit	Credit
20X9/07/10	Legal Benefit —Labor Insurance	600,000	
	XYZ Bank		600,000

ポイント

当年度の概算保険料を全額（従業員負担分も含めて），法定福利費（Legal Benefit）として計上します。

② 給与の支払い

20X9年7月25日に，6月分の給与を従業員に支払いました（支払時に6月分の社会保険料等が控除されます）。このときの仕訳は下記の通りとなります（図表1の給与台帳に基づく）。

Date	Account Name	Debit	Credit
20X9/07/25	Salaries Expense	3,300,000	
	Travel Expense (Commutation Allowance)	150,000	
	XYZ Bank		2,940,000
	Deposits Received —Social Insurance*		398,000
	—Withholding Income Tax		51,000
	—Residential Tax		41,000
	Legal Benefit —Labor Insurance		20,000

＊　Social Insurance＝Health Insurance＋Family Care Insurance＋Pension Insurance

> **ポイント**
>
> 給与支払時に，労働保険料の従業員負担分を「法定福利費（Legal Benefit）」のマイナスとして処理します。この結果，法定福利費は年度の終わりに会社負担分のみとなるため，会社負担分について別途経理をする必要はありません。

5　年末調整について

(1)　年末調整（Year-end Tax Adjustment）の概要

　給与から源泉徴収されている所得税はあくまでも概算であり，その年の実際の給与等に基づいて計算される所得税との間にどうしても差額が発生してしまいます。差額分は，その年最後の給与・賞与が支払われる際に精算されますが，この精算手続きのことを「年末調整（Year-end Tax Adjustment）」と呼びます。

　源泉徴収された所得税が最終的な納税額よりも多い場合は，超過分が従業員に還付され，源泉徴収された所得税が最終的な納税額よりも少ない場合は，不足分が給与から天引きされることになります。

(2)　年末調整の仕訳（還付時）

　20X9年12月（20X9年最後の給与支払い）の給与データが【図表1】の場合で，年末調整の還付金が84,000円のケースについての仕訳を考えます。

　このケースでは，給与支払いの仕訳（①）と還付金の仕訳（②）を分けて考えると理解しやすくなります。

第6章 給与・社会保険料の仕組みと仕訳

① 給与支払いの仕訳

Date	Account Name	Debit	Credit
20X9/12/25	Salaries Expense	3,300,000	
	Travel Expense	150,000	
	(Commutation Allowance)		
	XYZ Bank		2,940,000
	Deposits Received		
	—Social Insurance*		398,000
	—Withholding Income Tax		51,000
	—Residential Tax		41,000
	Prepaid Expense		20,000
	—Labor Insurance		

* Social Insurance＝Health Insurance＋Family Care Insurance＋Pension Insurance

② 還付金の仕訳

Date	Account Name	Debit	Credit
20X9/12/25	Deposits Received	84,000	
	—Withholding Income Tax		
	XYZ Bank		84,000

ポイント

所得税の還付は，従業員から超過して預かっていた所得税の返還を意味するため，預かり金勘定のマイナスとして処理します。

①と②の仕訳を合わせると次の通りになります。

Date	Account Name	Debit	Credit
20X9/12/25	Salaries Expense	3,300,000	
	Travel Expense	150,000	
	(Commutation Allowance)		
	Deposits Received	33,000	
	—Withholding Income Tax		
	XYZ Bank		3,024,000
	Deposits Received		
	—Social Insurance*		398,000
	—Residential Tax		41,000
	Prepaid Expense		20,000
	—Labor Insurance		

* Social Insurance＝Health Insurance＋Family Care Insurance＋Pension Insurance

6　現物給与について

(1)　現物給与の概要

　会社がその役員や従業員に対して支給する食事や住居（無償・低額で貸与される社宅等）は一般的に「現物給与（Allowance-in-Kind）」（所得税法上は「給与等とされる経済的利益」）とよばれ，通常の金銭で支給される給与に上乗せして，所得税の源泉徴収対象とする必要があります。経済的利益の供与があったとされる場合は，税法で定められた一定基準額と本人負担額との差額が基本的に給与課税されることになります。

　以下は，現物給与のうち，食事と貸与住宅の取扱いについて示したものです。

【図表３】 現物給与の取扱い

	現物給与の取扱い
食事の支給	従業員がその食事の価格の１／２以上を負担し，かつ会社負担額が月額3,500円以下のものは給与所得として課税されません。また，残業や宿日直をした従業員に支給される食事も非課税となります。
貸家住宅（社宅）	（使用人）税法で定められた家賃の基準となる金額と役員の本人負担額の差額が給与所得として課税されます。但し，従業員の本人負担額が家賃相当額の50％以上であれば，給与所得として課税されません。
	（役　員）税法で定められた家賃の基準となる金額と役員の本人負担額の差額が給与所得として課税されます。尚，社会通念上一般に貸与されている社宅と認められない，いわゆる豪華社宅の場合は，時価と本人負担額の差額が給与所得として課税されます。

(2) 現物給与の仕訳

【図表４】の給与を支払っている従業員Ａに対して，１ヶ月当たりの家賃の基準となる金額（税務上の基準額※）が10万円の社宅（ただし，実際の家賃は30万円）を，本人負担３万円（給料から天引き）で貸した場合の仕訳を考えます。

※　従業員社宅の税務上の基準額（家賃の基準となる金額）は，下記の計算式にて算出します。

$$\begin{pmatrix} その年度の \\ 家屋の固定 \\ 資産税の課 \\ 税標準額 \end{pmatrix} \times 0.2\% + 12円 \times \frac{その家屋の総床面積（m^2）}{3.3（m^2）} + \begin{pmatrix} その年度の \\ 敷地の固定 \\ 資産税の課 \\ 税標準額 \end{pmatrix} \times 0.22\%$$

上記計算額の50％相当額以上の賃貸料を徴収しているときは，経済的利益（現物給与）はないものとして，課税されません。

【図表４】 従業員Ａの給与データ（20X9年８月25日支給）

日　本　語	英　　語	数値例
① 基本給	Basic Salary／Payroll	350,000
② 賞与／役員賞与	Bonus／Directors' Bonus	0
③ 残業手当	Overtime Allowance	50,000
④ 非課税交通費	Commutation Allowance／Transportation	15,000
⑤ 総支給額	Gross Payment Total	415,000
⑥ 社会保険料合計（Ａ）	Social Insurance Total	50,500
健康保険料	Health Insurance	16,000
介護保険料	Family／Nursing Care Insurance	2,000
厚生年金保険料	Pension Insurance	30,200
雇用保険料	Employment Insurance	2,300
⑦ 課税対象額 （非課税交通費を除く）	Taxable Income 　(excluding transportation)	349,500
⑧ 源泉所得税（Ｂ）	Withholding Income Tax	6,000
⑨ 住民税（Ｃ）	Inhabitant／Local Tax	5,000
⑩ 控除合計額(A)＋(B)＋(C)	Deductions Total	61,500
⑪ 差引支給額（銀行振込額）	Net Payment Total	353,500

　ここでは，現物給与に係る仕訳（①）と通常の給与支払いに係る仕訳（②）を分けて考えると理解しやすくなります。

① 現物給与に係る仕訳

Date	Account Name	Debit	Credit
20X9/08/25	Salaries Expense	70,000	
	ABC Bank	30,000	
	Other Payable		70,000
	Other Income		30,000
	—Rent revenue		

第6章 給与・社会保険料の仕組みと仕訳

> **ポイント**
>
> まず，従業員の本人負担額（3万円）は，家賃の基準となる金額（10万円）の5割以下であるため，差額の7万円が給与所得として課税されます。会社の経理では，7万円を給与勘定（Salaries Expense）で処理し，貸方は家主に対する未払費用（Other Payable）とします。
>
> また，本人負担額（3万円）は従業員の給与から天引きされるので，会社の預金勘定はその分プラスとなります。従業員が家賃を一部負担することによって，会社の家賃支払いは軽減されるため，貸方は雑収入（Other Income-Rent Revenue）とします（地代家賃のマイナスでもよい）。

② 通常の給与支払いに係る仕訳

Date	Account Name	Debit	Credit
20X9/08/25	Salaries Expense	400,000	
	Travel Expense	15,000	
	(Commutation Allowance)		
	XYZ Bank		353,500
	Deposits Received		
	—Social Insurance*		48,200
	—Withholding Income Tax		6,000
	—Residential Tax		5,000
	Prepaid Expense		2,300
	—Labor Insurance		

＊ Social Insurance＝Health Insurance＋Family Care Insurance＋Pension Insurance

①と②の仕訳を合わせると次の通りになります。

Date	Account Name	Debit	Credit
20X9/08/25	Salaries Expense	470,000	
	Travel Expense	15,000	
	(Commutation Allowance)		
	ABC Bank		323,500
	Deposits Received		
	—Social Insurance*		48,200
	—Withholding Income Tax		6,000
	—Residential Tax		5,000
	Prepaid Expense		2,300
	—Labor Insurance		
	Other Income		30,000
	—Rent revenue		
	Other payable		70,000

*　Social Insurance＝Health Insurance＋Family Care Insurance＋Pension Insurance

なお，給与支払いの後に，会社が実際に家賃を支払った際の仕訳は下記の通りとなります（実際の家賃は30万円です）。

Date	Account Name	Debit	Credit
20X9/08/25	Rent	230,000	
	Other payable	70,000	
	ABC Bank		300,000

第6章　給与・社会保険料の仕組みと仕訳

> **ポイント**
>
> 　家賃30万円のうち，7万円は既に給与（Salary Expense）として計上済みのため，差額の23万円のみを家賃（Rent）として計上します（給与支払時に計上した未払費用（Other Payable）もここで消し込みます）。家賃（Rent）と給与（Salary Expense）の費用合計は30万円になりますが，本人負担分としてOther Income 3万円が既に計上されているため，会社の家賃負担額は27万円となります。

【演習問題】

1．次の給与台帳をもとに，給与支払い時の仕訳を切ってください。貸方は，銀行預金（ABC Bank）とします。労働保険の本人負担分は，前払保険料の取り崩しとして処理して下さい。なお，社宅控除（本人負担分）は家賃の基準となる金額の50％以上とします。

May Salary (to be paid on June 25, 2009)

Employee ID	001	002	003	004	005	合計
Basic Salary		400,000	320,000	450,000	280,000	1,450,000
Directors' Bonus	2,500,000	0	0	0	0	2,500,000
Prior Month Adjustments	0	0	0	0	0	0
Commutation Allowance	12,000	7,000	15,000	12,000	6,000	52,000
Overtime	0	15,000	22,000	0	10,000	47,000
Late Night Overtime	0	0	0	0	0	0
Holiday Overtime	0	0	0	0	0	0
Total Overtime	0	15,000	22,000	0	10,000	47,000
Health Insurance	49,610	19,270	12,750	18,040	18,040	117,710
Nursing Insurance	7,441	0	0	7,441	0	14,882
Pension Insurance	46,488	35,241	22,341	32,991	32,991	170,052
Labor Insurance		2,791	2,126	3,100	2,820	10,837
Social Insurance Total	103,539	57,302	37,217	61,572	53,851	313,481
Income Tax	302,493	16,410	26,541	16,650	16,650	378,744
Inhabitant Tax	0	11,100	2,300	17,700	17,700	48,800
Year-end Adjustment	0	0	0	0	0	0
Housing Rent (employee portion)	250,000	0	18,000	30,000	0	298,000
Gross Payment Total	2,512,000	422,000	357,000	462,000	296,000	4,049,000
Deductions Total	656,032	84,812	84,058	125,922	88,201	1,039,025
Net Payment Total	1,855,968	337,188	272,942	336,078	207,799	3,009,975
Bank Debit Amount 1	1,855,968	337,188	272,942	336,078	207,799	3,009,975
Bank Debit Amount 2	0	0	0	0	0	0

第6章　給与・社会保険料の仕組みと仕訳

Date	Account Name	Debit	Credit
/ /			

2．20X9年6月30日に，上記1で預かった社会保険料を，会社負担分とともに年金事務所に納付しました（5月社会保険料の納付）。会社負担分は，5月末に「未払費用（Accrued Expense）」として320,000円が計上されているとします。

Date	Account Name	Debit	Credit
/ /			

3．20X9年6月30日に労働保険料338,000円が銀行口座から引き落とされ，その内訳は下記の通りでした。20X9年6月30日の仕訳を切って下さい。なお，労働保険料は前払費用勘定を使って処理して下さい。

　　（内訳）20X9年度概算保険料　　　　　265,000円
　　　　　　20X8年度確定保険料（不足額）　73,000円
　　　　　　　　　納付額合計　　　　　　338,000円

137

Date	Account Name	Debit	Credit
/ /			

4．年末調整の結果，従業員に対して68,000円の還付が発生し，12月の給与（20X9年12月25日支払い）で精算しました。設問1の給与台帳を12月の給与データ（年末調整前）と仮定し，還付に係る仕訳を切ってください。

Date	Account Name	Debit	Credit
/ /			

第6章　給与・社会保険料の仕組みと仕訳

【解答・解説】

1.

Date	Account Name	Debit	Credit
20X9/06/25	Directors' Bonus	2,500,000	
	Salaries Expense	1,497,000	
	Travel Expense	52,000	
	(Commutation Allowance)		
	XYZ Bank		3,009,975
	Deposits Received		
	―Social Insurance*		302,644
	―Withholding Income Tax		378,744
	―Residential Tax		48,800
	Prepaid Expense		10,837
	―Labor Insurance		
	Other Income		298,000
	―Rent Revenue		

*　Social Insurance＝Health Insurance＋Family Care Insurance＋Pension Insurance

残業代は，ここでは通常の給与に含めて処理しています（別で処理する会社もあります）。社宅控除は家賃の基準となる金額の50％以上となるため，給与所得として課税されることはなく，全額を「雑収入（Other Income）」として処理します（「家賃（Rent Expense）」を計上しても良い）。

2.

Date	Account Name	Debit	Credit
20X9/06/30	Accrued Expense	320,000	
	―Social Insurance		
	Deposits Received	302,644	
	―Social Insurance		
	XYZ Bank		622,644

6月の給与支払い時に社員より預かった社会保険料（5月分）および5月末に未払い計上した会社負担分を取り崩し，貸方は社会保険料が引き落とされる銀行預金とします。

3.

Date	Account Name	Debit	Credit
20X9/06/30	Prepaid Expense —Labor Insurance	265,000	
	Legal Benefit	73,000	
	ABC Bank		338,000

20X9年度の概算保険料は，翌年3月までの保険料の前払いであるため，「前払費用（Prepaid Expense-Labor Insurance）」を計上します。20X8年度の確定保険料は，過年度の保険料の不足額であるため，「法定福利費（Legal Benefit）」を計上して費用処理します。

4.

Date	Account Name	Debit	Credit
20X9/12/25	Directors' Bonus	2,500,000	
	Salaries Expense	1,497,000	
	Travel Expense (Commutation Allowance)	52,000	
	XYZ Bank		3,077,975
	Deposits Received —Social Insurance*		302,644
	—Withholding Income Tax		310,744
	—Residential Tax		48,800
	Prepaid Expense —Labor Insurance		10,837
	Rent Revenue		298,000

＊ Social Insurance＝Health Insurance＋Family Care Insurance＋Pension Insurance

第 6 章　給与・社会保険料の仕組みと仕訳

　所得税の還付は，従業員から超過して預かっていた所得税の返還を意味するため，預かり金勘定のマイナスとして処理します。年末調整前の12月の預かり金（所得税）は378,744円でしたので，そこから還付額の68,000円を引いた金額が年末調整後の預かり金となります。また，還付額は従業員の給与口座に振り込まれるため，貸方の銀行勘定は還付額の68,000円だけ増えます。

第7章 交際費
CHAPTER 7

1 交際費（Entertainment）の概要
2 税務上の交際費の範囲
3 交際費（Entertainment）と会議費（Meeting）の区分
4 交際費と間違えやすい費用

本章で学ぶこと

　第7章では，交際費の概要を理解した上で，会議費との区別や交際費と間違えやすい費用について学習します。特に会議費との区別は，実務上重要になりますので，例題・演習を通して区別をしっかり付けられるようにしましょう。

1　交際費（Entertainment）の概要

　交際費とは，法人が事業関係者（仕入先や得意先のほか，株主，社員を含む）に対して，接待，慰安，贈答等のために支出する費用をいいます。企業が事業活動をする中では，取引先などとの友好な関係を築くために，ある程度の接待が必要であることは，やむを得ないことです。

　ただし，健全な商取引の確立や接待に対する社会的な批判もあることから，交際費は企業会計では費用ですが，税務上は，一定の金額については経費として認められないこととなっています。そのため，税務上の交際費を区別して記帳する必要があるのです。

　税務上は，交際費となるかどうかは，表面的な経費の名称ではなく，その実質的な内容が接待であるかどうか，という観点から判断していきます。具体的には下記の項目で学習しますが，税法上の交際費の範囲は幅広く，例えば接待をする場所に行き来するための交通費や，社内旅行の費用，忘年会の費用等も状況によっては，交際費となるため注意が必要です。

【例題1】

　20x9年5月1日に，取引先の社長に贈答するためのゴルフクラブ（5万円）を購入し，小口現金で支払いました。

Date	Account Name	Debit	Credit
20X9/05/01	Entertainment	50,000	
	Petty cash		50,000

ポイント

　上記は，交際費の典型例です。取引先等に対して，取引を円滑にすることを目的とした贈答は，交際費となります。

2　税務上の交際費の範囲

(1) 上記で確認したように，交際費は，会議費や販売促進費と会計上は処理していても，その実態的な内容が接待，慰安，贈答等で取引先との取引を円滑にする目的であるものは，税務上は交際費となります。
(2) 支出の相手先は，販売先・仕入先のような直接的な取引に関係のある者に限らず，自社の役員や従業員も含まれます。
(3) 接待等のために間接的に支出した費用も交際費に含まれます。例えば，食事をする場所までのタクシー費用なども，交際費に含まれます。

【例題2】

20X9年5月2日に，取引先の社長を接待するために，レストランで食事をして3万円を支払い，帰りのタクシー代1万円を渡しました。すべて小口現金から支払ったものとします。

Date	Account Name	Debit	Credit
20X9/05/02	Entertainment	40,000	
	Petty cash		40,000

ポイント

接待後のタクシー費用など，接待のために間接的に支出した費用も接待費となりますので，注意が必要です。

3　交際費（Entertainment）と会議費（Meeting）の区分

　交際費と会議費の区別は，実務上も頻出する重要な項目です。
　飲食を伴う会合の費用が発生したときに，交際費・会議費のどちらにするかの判断基準を学習します。
　原則は，取引先との飲食を伴う会合の費用は，実質的な内容，または金額により，勘定科目を判断します。

［会議費となるもの］
(1)　会議・商談の実態が伴っており，下記を満たすものは，会議費となります。
　①　社内又は通常会議を行う場所で行われている
　②　通常の昼食程度の費用を超えない飲食費用
　例）会議に関連して，茶菓子，弁当などの飲食に通常要する費用は，会議費となります。「通常供与される昼食程度」とは，金額ではなく実質で判断されます。実質から判断して会議費であれば，夕食あるいは外食であっても問題となりません。

【例題 3 】

　20X9年 5 月 2 日に，社内の会議室で行われた取引先との商談で，1 人当たり1,300円のお弁当を 6 つ購入して，差し入れをしました。お弁当の代金は，小口現金から支払いました。

Date	Account Name	Debit	Credit
20X9/05/02	Meeting	7,800	
	Petty cash		7,800

第7章 交際費

ポイント

　上記の例では，会議としての実態が伴っており，お弁当の価格も通常の昼食の範囲内ですので，会議費として処理します。

(2) 社外関係者との飲食費で，1人当たりの金額が5,000円以下である場合も，金額を基準として会議費として処理することができます。これは，その会合の実態が例え接待であっても，金額を基準として交際費から除かれます。ただし，飲食を行った年月日，参加者の氏名・名称，参加人数，金額，その飲食店名等を記録しておくことが必要となります。

【例題4】

　20X9年5月3日に，N社の大野さんは，取引先であるR社の山田さんを接待する目的で，レストランで食事をして8千円を小口現金から支払った。

Date	Account Name	Debit	Credit
20X9/05/03	Meeting	8,000	
	Petty cash		8,000

* 適用（Description）
  参加者：R社　山田様，参加人数：2人
  飲食店名：レストランＡＢＣ

ポイント

　上記は，通常の会議・商談ではなく，接待の目的で飲食をしています。しかし，1人当たりの飲食費は，5,000円以下であることから，金額を基準として会議費で処理することができます。

(3) 5,000円以下の飲食費の補足

① 同じ日に1次会，2次会など場所を変えて飲食した場合には，それぞれの行為が単独で行われていると認められるとき（例えば，全く別の業態の飲食店等を利用しているときなど）には，それぞれのお店ごと（レシートごと）で，1人当たり5,000円以下であるかどうかの判定を行うことになります。もちろん，同じお店でレシートを分けても，2次会とはなりません。

② 1人当たり5,000円超かどうかは，法人が課税事業者で消費税を税抜経理している場合，消費税抜きの金額で判定します。

【例題5】

20×9年5月3日に，N社の大野さんは，取引先であるR社の山田さんを接待する目的で，レストランで食事をして10,500円（うち消費税500円）を小口現金から支払いました。N社は，税抜経理をしています。

Date	Account Name	Debit	Credit
20X9/05/03	Meeting	10,000	
	Prepaid C-tax	500	
	Saving account		10,500

* 適用（Description）
参加者：R社　山田様，参加人数：2人
飲食店名：レストランABC

ポイント

N社は，税抜経理処理をしているため，税抜き金額は10,000円となり，1人当たりの金額は5,000円となるため，会議費となります。

第7章 交際費

4　交際費と間違えやすい費用

次のような費用は，交際費ではありません。
(1) 売上割戻し：得意先の企業に金銭で支出する売上割戻しの費用。売上割戻しは，一定のボリュームの売上があった得意先に対して，一定の金額をキャッシュバックする従来からの商慣習であり，贈答とは区別されるべきものです。
(2) 広告宣伝費：不特定多数の者に対する宣伝的効果を意図するもの。例えば年末に得意先に配るカレンダーは，広告的な効果を期待して行うものですので，贈答とは考えません。
(3) 福利厚生費（Fringe benefit）
　① 創立記念日等に従業員等におおむね一律に社内において供与される通常の飲食に要する費用。
　② 従業員等又はその親族等の慶弔，禍福に際し一定の基準に従って支給される金品に要する費用。

【例題6】

毎年，年末に得意先に配布する手帳を20×9年11月3日に発注し，10万円を注文先に銀行預金口座から振込みをしました。

Date	Account Name	Debit	Credit
20×9/11/03	Advertising	100,000	
	Saving Account		100,000

ポイント

上記の手帳は，不特定多数の方に会社の広告を意図して配布するものですので，広告宣伝費に該当します。

【例題7】

従業員の結婚に際して，社内規定に従い，会社から5万円の祝い金を支給しました。支払いは，小口現金から行いました。

Date	Account Name	Debit	Credit
20X9/11/03	Fringe benefit	50,000	
	Petty cash		50,000

ポイント

従業員の慶弔・禍福に際して基準に従って，支給される金品については，福利厚生費で処理します。なお，社内規定がない場合であっても，社会通念上妥当な範囲であれば，交際費とする必要はありません。

【演習問題】

下記の取引の仕訳を切って下さい。支出はすべて，小口現金から行ったものとします。消費税は，考慮する必要はありません。摘要欄を記入する必要があるものについては，記載をして下さい。

(1) 20X9年5月2日に，得意先にお中元として1万円の果物セットを贈答しました。

Date	Account Name	Debit	Credit

(2) 6月2日に，得意先であるY社の山田氏を接待する目的で，料亭で食事を行い40,000円を支払いました（1人当たり20,000円）。また，帰りのタクシー代として，5,000円を渡しました。

第 7 章 交 際 費

Date	Account Name	Debit	Credit

(3) 20X9年7月3日に，社内会議に際して，1本150円のペットボトルのお茶を5本購入しました。

Date	Account Name	Debit	Credit

(4) 20X9年7月4日に，得意先と社内の会議室で行われた商談に際して，1人当たり1,200円のお弁当を4個購入しました。

Date	Account Name	Debit	Credit

(5) 20X9年8月4日に，得意先であるT社の佐藤氏と昼食をとりながら商談を行い，食事代3,000円（1人当たり1,500円）を支払いました。

Date	Account Name	Debit	Credit

(6) 20X9年10月1日に，得意先であるF社の小山氏を接待する目的で，レストラン（レストランの名称：レストランＡＢＣ）で食事を行い8,000円を支払いました（1人当たり4,000円）。

Date	Account Name	Debit	Credit

＊ 適用（Description）

(7)　20X9年10月2日に，得意先であるG社の内藤氏を接待する目的で，1次会でレストラン（レストランの名称：レストランＡＢＣ）で食事を行い，2次会としてバーで飲食しました。支出した費用は，1次会が8千円（1人当たり4,000円），2次会が2万円（1人当たり1万円）でした。

Date	Account Name	Debit	Credit

＊ 適用（Description）

(8)　20X9年11月2日に，従業員の親族に不幸があった際に，社内規定に従い慶弔金として2万円を支給しました。

Date	Account Name	Debit	Credit

第7章　交　際　費

(9) 20X9年11月3日に，年末に得意先に配布するカレンダー作成費用として，5万円を業者に支払いました。

Date	Account Name	Debit	Credit

(10) 下記の山田さんの立替経費のレポートに基づいて，仕訳を切って下さい。山田さんが記入した勘定科目は，すべてMeetingとなっていますが，必要に応じて勘定科目は修正して下さい。また，領収書等は別途保管されているものとします。

Personal Cash Expense Report
Month September-09
Name Taro Yamada　　　　　　　　　　　　　　　　　　　　　　　　　(JPY)

Receipt Date	Category	Description	Claim Amount
2009.9.4	Meeting	Dinner/Mr.Tanaka of B Company	18,000
2009.9.8	Meeting	Coffee/Mr.Terada of C Company	800
2009.9.17	Meeting	Dinner/Mr.Morita and Yamaki of D Company(3people)/Restaurant ABC	13,920
Total:			32,720
Net Claimed:			32,720

Date	Account Name	Debit	Credit

Date	Account Name	Debit	Credit

Date	Account Name	Debit	Credit

*　適用（Description）

【解答・解説】

(1)

Date	Account Name	Debit	Credit
20X9/05/02	Entertainment	10,000	
	Petty cash		10,000

　取引先への贈答にあたり，交際費となります。

(2)

Date	Account Name	Debit	Credit
20X9/06/02	Entertainment	45,000	
	Petty cash		45,000

　そもそも接待の目的であり，1人当たりの金額も5,000円を超えているため，交際費となります。

(3)

Date	Account Name	Debit	Credit
20X9/07/03	Meeting	750	
	Petty cash		750

　会議としての実態があり，通常会議で必要とされる飲食費の範囲内ですので，会議費として処理します。

第7章　交　際　費

(4)

Date	Account Name	Debit	Credit
20X9/07/04	Meeting	4,800	
	Petty cash		4,800

商談としての実態があり，通常の昼食代の範囲内ですので，会議費として処理します。

(5)

Date	Account Name	Debit	Credit
20X9/08/04	Meeting	3,000	
	Petty cash		3,000

商談としての実態があり，通常の昼食代の範囲内ですので，会議費として処理します。場所については，会議室に限らず，飲食店を利用する場合でも，会議・商談としての実態があれば，通常の昼食代程度の金額であれば会議費として処理します。

(6)

Date	Account Name	Debit	Credit
20X9/10/01	Meeting	8,000	
	Petty cash		8,000

＊　適用（Description）
　　参加者：Ｆ社　小山様，参加人数：2人
　　飲食店名：レストランＡＢＣ

食事の目的は接待ですが，1人当たりの金額が5,000円以下ですので，会議費として処理します。5,000円以下の形式基準により，会議費として処理する場合には，飲食を行った年月日，参加者の氏名・名称，参加人数，金額，その飲食店名等を記録しておくことが必要となります。

(7)

Date	Account Name	Debit	Credit
20X9/10/02	Meeting	8,000	
	Entertainment	20,000	
	Petty cash		28,000

＊　適用（Description）

　　参加者：Ｆ社　小山様，参加人数：２人

　　飲食店名：レストランＡＢＣ

　１次会については，１人当たりの金額が5,000円以下ですので，会議費として処理します。２次会については，接待の目的で，金額も１人当たり5,000円を超えていますので，交際費として処理します。

(8)

Date	Account Name	Debit	Credit
20X9/11/02	Fringe benefit	20,000	
	Petty cash		20,000

　社内規定に従って，従業員に支給する慶弔金は，福利厚生費（Fringe benefit）として，処理します。

(9)

Date	Account Name	Debit	Credit
20X9/11/03	Advertising	50,000	
	Petty cash		50,000

　このカレンダーは，不特定多数の方に会社の広告を意図して配布するものですので，広告宣伝費に該当します。

(10)

Date	Account Name	Debit	Credit
20X9/09/04	Entertainment	18,000	
	Petty cash		18,000

1人当たりの金額が5,000円を超えていることから，会議費ではなく，交際費として処理します。

Date	Account Name	Debit	Credit
20X9/09/08	Meeting	800	
	Petty cash		800

商談に際して，コーヒーを購入したもので，通常の費用の範囲内ですので，会議費として処理します。

Date	Account Name	Debit	Credit
20X9/09/17	Meeting	13,920	
	Petty cash		13,920

＊　適用（Description）

　　参加者：Ｄ社　森田，山木様，参加人数：3人

　　飲食店名：レストランＡＢＣ

レポートからは，飲食の目的を読み取ることは出来ませんが，1人当たりの金額が，5,000円以下ですので，形式基準に従って，会議費として処理します。

第8章 租税公課（Tax & Dues）
CHAPTER 8

1 租税公課（Tax & Dues）の概要
2 税金の種類
3 経費（損金）となる税金とならない税金
4 納付の時期
5 租税公課の仕訳

本章で学ぶこと

第8章では，企業に関連する租税公課の概要を学習します。
租税公課にはさまざまな種類がありますので，内容に応じた処理の方法を確認するようにして下さい。

1　租税公課（Tax & Dues）の概要

・租税公課とは

　租税とは国または地方公共団体がその経費に充てるために，法律に基づいて国民や住民から強制的に徴収する税金のことであり，公課とは国または地方公共団体によって課される租税以外の公の金銭負担（分担金・手数料・使用料など）をいいます。

2　税金の種類

(1)　国　　　税

　国（税務署）に納付する税金です。主なものに，法人税，源泉所得税，消費税，印紙税があります。

　① **法人税**（Corporate income tax）：法人の所得に課される税金。
　② **源泉所得税**（Withholding income tax）：個人の所得に課される税金。法人には，給与等の支払いについて徴収・納税義務があるほか，収入を受け取る際に一定金額を徴収される場合があります（詳しくは第5章で説明しています）。
　③ **消費税**（Consumption tax）：国内における資産の譲渡等につき課される税金。
　④ **印紙税**（Stamp duty）：一定の契約書や領収書等に対して課される税金。
　⑤ **その他**：上記のほか，輸入取引における関税（Customs duty）や，登録免許税（Registration and license tax）などがあります。

(2)　地　方　税

　地方自治体（都道府県や市町村）に納付する税金です。

　① **法人住民税**（Corporate inhabitant tax）：事務所又は事業所を有する

法人の所得や規模に応じて課される税金。
② **法人事業税**（Enterprise tax）：法人が行う事業に対して課される税金。
③ **固定資産税**（Fixed property tax）：毎年1月1日現在の土地，家屋，償却資産（「固定資産」）の所有者に対し課される税金。
④ **その他**：上記のほか，地方消費税（Local consumption tax），不動産取得税（Real property acquisition tax）などがあります。

3　経費（損金）となる税金とならない税金

租税公課は企業会計上は基本的には費用項目となります。

しかし，税法上では法人の所得に対してかかる税金を税務上の費用（損金）としてしまうと，税金の計算上不都合を生じるため，一部の税金については税務上の費用（損金）となりません。

法人の所得にかかる税金でも地方税の法人事業税，国税の地方法人特別税は損金になりますので，区分して把握するようにしましょう。

また罰金・科料などもその性格から損金とはなりません。

経費（損金）になるもの	経費（損金）にならないもの
法人事業税　　不動産取得税 地方法人特別税　固定資産税 登録免許税　　自動車関連税 印紙税 消費税（税込処理の場合） 関税（商品原価または対象となる資産の取得価額に含まれます）	法人税 法人住民税 延滞税 過少申告加算税 無申告加算税 不納付加算税 過怠税

4　納付の時期

(1)　確定申告により納付する税金

　法人税，法人住民税，法人事業税，地方法人特別税，消費税・地方消費税は，通常，会社の決算後2ヶ月以内に納付します。

　前年に一定額以上の税金の納付がある場合は，中間申告による納付もあります。中間申告は，税務署等から送付される納税通知書に従って納付します。そのほか，仮決算を行う場合もあります。

(2)　固定資産税（償却資産税）

　固定資産税（償却資産税）は，毎年1月に申告した内容に基づいて計算されます。

　地方自治体から送付される納税通知書に従って，年4回（東京都の場合，6月，9月，12月，翌年2月）に分けて納付します。

(3)　源泉所得税

［会社が徴収義務者の場合］

　原則として給与等を支払った月の翌月10日までに納付します。

［会社の収入から徴収される場合］

　受取利息や配当等の支払いを受ける際に，控除されます。

5　租税公課の仕訳

　次に掲げる税金については，費用科目（租税公課：Taxes and dues）を使わず，区分して把握するようにします。

① 法人税等（法人税，法人住民税，法人事業税，地方法人特別税）
　　→ Corporate Tax

第8章 租税公課

② 消費税 → Consumption Tax Prepaid

[租税公課]

[例題１] 収入印紙を現金で5,000円購入し，契約書に貼って捺印しました。

Date	Account Name	Debit	Credit
--/--/--	Taxes and dues	5,000	
	Petty Cash		5,000

[例題２] 固定資産税（償却資産税）の納付書（10,000円）が届いたので現金で納付しました。

Date	Account Name	Debit	Credit
--/--/--	Taxes and dues	10,000	
	Petty Cash		10,000

[例題３] 社用車を車検に出した時の費用を普通預金から支払いました。

検査・申請費用	Repair and Maintenance Expense	30,000
消 費 税	C-tax Prepaid	1,500
自賠責保険料	Insurance	18,500
自動車検査登録印紙代，自動車重量税印紙代	Taxes and dues	40,000
リサイクル料金（預託金）	Advance Payment	10,000
支払い金額合計	Payment Total	100,000

上記の仕訳は以下の通りとなります。

Date	Account Name	Debit	Credit
--/--/--	Repair and Maintenance Expense	30,000	
	C-tax Prepaid	1,500	
	Insurance Expense	18,500	
	Taxes and dues	40,000	
	Advance Payment	10,000	
	Bank		100,000

[確定申告で納付する税金]

[例題4] 本年分の法人税を計算したところ100万円であったため未払い計上します。

Date	Account Name	Debit	Credit
--/--/--	Corporate Tax	1,000,000	
	Income Taxes Payable		1,000,000

[例題5] 確定申告で，前期決算の所得にかかる法人税100万円を普通預金から納付しました（B／Sに未払い法人税等100万円が計上されています）。

Date	Account Name	Debit	Credit
--/--/--	Income Taxes Payable	1,000,000	
	Bank		1,000,000

[例題6] 法人税の中間申告で，50万円を普通預金から納付しました。

Date	Account Name	Debit	Credit
--/--/--	Corporate Tax	500,000	
	Bank		500,000

第 8 章　租 税 公 課

[例題 7]　確定申告で，本年分の消費税の還付が80万円と確定しました。当期中の仮払消費税（C-Tax Prepaid）の合計額は180万円，仮受消費税（C-Tax Received）の合計額は100万円が計上されています。

Date	Account Name	Debit	Credit
--/--/--	C-tax Received	1,000,000	
	C-tax Receivable	800,000	
	C-tax Prepaid		1,800,000

　消費税は「預かった消費税（仮受消費税）」から「支払った消費税（仮払消費税）」を差し引いて計算します。例題では「仮払消費税」が「仮受消費税」よりも大きく，消費税が支払超過となっているため，超過分が還付されます。仕訳では「仮払消費税」と「仮受消費税」を相殺し，その差額（還付金）を「未収入金（C-Tax Receivable）」として計上します（詳細は「第4章　消費税」を参照して下さい）。

[例題 8]　翌年，普通預金口座に上記の還付金が振り込まれました。

Date	Account Name	Debit	Credit
--/--/--	Bank	800,000	
	C-tax Receivable		800,000

[法人が課される源泉所得税]

[例題 9]　普通預金口座に，銀行から受取利息1,200円の入金がありました。利息計算書に源泉所得税（国税225円　地方税75円）の記載があります（当社は期中の受取利息に係る源泉所得税の支払いには，租税公課を使用しています）。

Date	Account Name	Debit	Credit
--/--/--	Bank	1,200	
	Tax & Dues		
	-National Tax	225	
	-Local Tax	75	
	Interest Income		1,500

詳細は「第5章 源泉所得税」を参照して下さい。

【演習問題】

下記の取引の仕訳を作成して下さい。

(1) 4月決算である当社は，例年納税通知書が送付される4月に固定資産税を全額費用処理していますが，今年は納税告知が遅れ，5月に600,000円の納税通知書が送付されたので決算期末において全額未払計上しました。

Date	Account Name	Debit	Credit

(2) 当社は12月決算です。決算にあたり法人税1,000,000円，法人住民税300,000円，事業税500,000円（所得割200,000円，付加価値割90,000円，資本割210,000円）を計上します。

Date	Account Name	Debit	Credit

(3) 当社は12月決算です。決算にあたり消費税を計算したところ，299,900円の納税額となりました。今期の仮払消費税の合計額は1,000,000円，仮受消費税額の合計額は1,300,000円となります。消費税の精算仕訳を作成して下

第8章　租税公課

さい。

Date	Account Name	Debit	Credit

【解答＆解説】

(1) 固定資産税は賦課決定日の属する期で全額費用計上ができます。納税告知が遅れた場合でも未払計上が可能です。

Date	Account Name	Debit	Credit
20X9/04/30	Taxes and dues	600,000	
	Other Payable		600,000

(2) 事業税のうち付加価値割及び資本割については，販売費及び一般管理費（Taxes and dues）に計上します。事業税の所得割，法人税，法人住民税については法人税・住民税及び事業税（Corporate tax）に計上します。

Date	Account Name	Debit	Credit
20X9/12/31	Taxes and dues	300,000	
	Corporate Tax	1,500,000	
	Income Taxes Payable		1,800,000

(3) 消費税の精算仕訳を作成する際，仮払消費税額（C－Tax Prepaid）と仮受消費税額（C－Tax Received）との差額と実際の納付税額（還付税額）との間に差額が生じることがあります。この差額は一般的には雑収入（Other Income）又は雑損失（Other Loss）で処理します。

Date	Account Name	Debit	Credit
20X9/12/31	C-Tax Received	1,300,000	
	C-Tax Prepaid		1,000,000
	C-Tax Payable		299,900
	Other Income		100

監修者紹介

永峰　　潤（ながみね　じゅん）

公認会計士・税理士。
昭和32年生れ。東京大学卒業。米国ペンシルバニア大学ウォートンスクール卒業。
等松青木監査法人（現監査法人トーマツ），バンカーズ・トラスト銀行（現ドイツ銀行）を経て，
現　在　　永峰・三島会計事務所パートナー
著　書　　『もっとよくわかる英文会計』（税務経理協会）
　　　　　『非居住者・非永住者課税』（税務経理協会）
　　　　　『外国人のための確定申告ガイド』（税務研究会）
　　　　　『法人税』（監修・ジェトロ）

法人紹介

永峰・三島会計事務所　国際税務グループ

設立以来20年余り，英語でサービスが出来る会計事務所という特徴を評価いただき，外資系企業の日本進出に際しての会計・税務サービスを中心にサービスを提供して参りました。
昨今は，お客様からのご要望の多い，スタッフィングサービスも行わせていただいており，幅広く外資系経理業務をお手伝いしております。

〒100-0014　東京都千代田区永田町2－14－3赤坂東急プラザ12階
　　　　　ＴＥＬ：03－3581－1975　　ＦＡＸ：03－5512－9893
　　　　　http://www.nagamine-mishima.com
　　　　　担当：大坪あや，津田詠子，曳地高宏

監修者・編者との契約により検印省略

平成22年6月1日　初版発行
実務に役立つ英文経理入門

監修者	永　峰　　　　潤
編　者	永峰・三島会計事務所
発行者	大　坪　嘉　春
印刷所	税経印刷株式会社
製本所	株式会社　三森製本所

発行所　東京都新宿区下落合2丁目5番13号　株式会社　税務経理協会
郵便番号 161-0033　振替 00190-2-187408　電話(03)3953-3301(編集代表)
FAX(03)3565-3391　　(03)3953-3325(営業代表)
URL　http://www.zeikei.co.jp/
乱丁・落丁の場合はお取替えいたします。

Ⓒ　永峰　潤・永峰・三島会計事務所　2010　　Printed in Japan

本書を無断で複写複製（コピー）することは，著作権法上の例外を除き，禁じられています。本書をコピーされる場合は，事前に日本複写権センター（JRRC）の許諾を受けてください。
JRRC(http://www.jrrc.or.jp　eメール:info@jrrc.or.jp　電話:03-3401-2382)

ISBN978－4－419－05450－2　C2034